Jochen Bung, Milan Kuhli (Hrsg.)

Volk als Konzept in Recht und Politik

Jochen Bung, Milan Kuhli (Hrsg.)

Volk als Konzept in Recht und Politik

DE GRUYTER

Prof. Dr. *Jochen Bung*, Universität Hamburg
Prof. Dr. Dr. *Milan Kuhli*, Universität Hamburg

ISBN 978-3-11-059788-2
e-ISBN (PDF) 978-3-11-059951-0
e-ISBN (EPUB) 978-3-11-059861-2

Library of Congress Control Number: 2020931100

Bibliografische Information der Deutschen Nationalbibliothek
Die Deutsche Nationalbibliothek verzeichnet diese Publikation in der Deutschen Nationalbibliografie; detaillierte bibliografische Daten sind im Internet über http://dnb.dnb.de abrufbar.

Druck: CPI books GmbH, Leck

www.degruyter.com

Inhalt

Vorwort

Am 21. und 22. März 2018 fand an der Universität Hamburg die Tagung „Volk als Konzept in Recht und Politik" statt. Der vorliegende gleichnamige Sammelband beinhaltet die schriftliche Fassung einzelner Vorträge, die auf dieser Konferenz gehalten wurden, sowie die Einleitung der Herausgeber zu dieser Thematik. An dieser Stelle möchten wir den Referentinnen und Referenten dafür danken, dass sie die Tagung mit ihren interessanten und spannenden Vorträgen bereichert haben. Neben der Autorin und den Autoren der Beiträge dieses Sammelbandes sind in dieser Hinsicht noch *Beatrice Brunhöber, Christoph Möllers* sowie *Rainer Wernsmann* zu nennen.

Alle, die schon einmal eine wissenschaftliche Konferenz organisiert haben, wissen, dass eine solche Veranstaltung ohne vielfältige Unterstützung nicht zu realisieren ist. Ein großer Dank gebührt zunächst der Fritz Thyssen Stiftung, die die Durchführung der Tagung sowie die Publikation in diesem Sammelband in großzügiger Weise finanziell unterstützt hat. Danken möchten wir auch den Teams unserer Lehrstühle, die die Veranstaltung der Tagung und die Erstellung des Sammelbandes tatkräftig unterstützt haben. Zu nennen sind hier *Markus Abraham, Aylin Aslan, Daria Bayer, Benjamin Dzatkowski, Barbara Fisz, Sina Moslehi, Hannah Ofterdinger, Judith Papenfuß, Maximilian Pohl* und *Yann Romund*. Dem Verlag *De Gruyter* möchten wir herzlich für die freundliche Bereitschaft danken, den vorliegenden Sammelband zu publizieren. *Claudia Loehr* gebührt Dank für die Unterstützung der Drucklegung.

Die Herausgeber dieses Sammelbandes wünschen eine anregende Lektüre.
Jochen Bung & Milan Kuhli

https://doi.org/10.1515/9783110599510-001

Verzeichnis der Autorin und der Autoren

Prof. Dr. Dr. Ino Augsberg
Inhaber des Lehrstuhls für Rechtsphilosophie und Öffentliches Recht, Christian-Albrechts-Universität zu Kiel

Prof. Dr. Jochen Bung
Inhaber des Lehrstuhls für Strafrecht und Rechtsphilosophie, Universität Hamburg

Prof. Dr. Klaus Günther
Professor für Rechtstheorie, Strafrecht und Strafprozessrecht, Johann Wolfgang Goethe-Universität Frankfurt am Main

Prof. Dr. Dr. Milan Kuhli
Inhaber des Lehrstuhls für Strafrecht und Strafprozessrecht einschließlich ihrer internationalen und historischen Bezüge, Universität Hamburg

Prof. Dr. Claudia Landwehr
Professorin für Politik und Wirtschaft, Johannes Gutenberg-Universität Mainz

Prof. Dr. Antonio Martins, LL.M.
Professor Adjunto de Direito Penal e Criminologia, Universidade Federal do Rio de Janeiro

Prof. Dr. Peter Niesen
Professor für Politische Theorie, Universität Hamburg

Prof. Dr. Benno Zabel, B.A.
Professor für Strafrecht, Rheinische Friedrich-Wilhelms-Universität Bonn

Jochen Bung & Milan Kuhli

Einleitung

1 Komplexität

Demokratiedefizit, Populismus, Volkswille, völkisch – die Liste dieser Schlagworte, die die tagtäglichen Nachrichten und den aktuellen politischen Diskurs bestimmen, ließe sich fortsetzen. Nicht nur in politischen Wahlkämpfen der jüngeren Zeit – aber hier besonders prägnant – lässt sich zeigen, dass die überkommene Unterscheidung zwischen einem „wirklichen" Volk (*pays réel*) und einem „künstlichen" Rechts- und Verfassungsstaat (*pays légal*) wiederbelebt wurde.[1] Von einigen Strömungen wird in dieser Hinsicht im politischen Diskurs sogar ein Gegensatz betont, um hierdurch einen vermeintlich authentischen Volkswillen gegen vermeintlich partikulare Interessen einer entfremdeten Elite auszuspielen. Derartige und ähnliche Versuche des Machtgewinns werden heute üblicherweise dadurch diskreditiert (oder zu diskreditieren versucht), dass sie als *populistisch* bezeichnet werden. Dabei wird der Begriff des *Populismus* jedoch mindestens ebenso ambivalent[2] verwendet wie der Begriff des *Volkswillens* oder *Volkes*.

Allerdings ändert die Ambiguität des Volksbegriffs nichts daran, dass jeder Versuch, eine politische und rechtliche Ordnung unter Rückgriff auf das Volk zu legitimieren, mit diesem Konzept die Idee einer ursprünglichen Bezugsgröße verbindet: Mit dem Volk erreicht man eine Art von Endpunkt der Begründung. Demgegenüber lassen sich alle anderen Konzepte politischer Macht oder Souveränität auf die Frage beziehen, ob sie naturgegeben sind oder sich der Einsetzung durch eine andere Macht verdanken. Monarchie zum Beispiel ist entweder Erbmonarchie oder Wahlmonarchie, daher kann die Herrschaftsform der Monarchie nicht ursprünglich sein. Nur im Falle des Volkes scheint es nicht angebracht zu fragen, wer oder was dasselbe als solches bestimmt hat. Gleichwohl oder gerade deswegen empfiehlt *Rousseau*, „bevor man den Akt untersucht, durch den ein Volk einen König erwählt, denjenigen zu untersuchen, durch welchen ein Volk zum Volk wird".[3] Es ist jedoch zu vermuten, dass man hier nicht weiter kommt, wenn man

1 Vgl. hierzu in diesem Band *Günther* S. 63 ff.

2 Vgl. in diesem Band *Landwehr* S. 99 ff.; vgl. in diesem Kontext auch zum Konzept des strafrechtlichen Populismus in diesem Band *Martins* S. 130 ff.

3 *Rousseau*, Vom Gesellschaftsvertrag [Du contrat social, 1762], hrsg. u. übers. v. Brockard u. Pietzcker, 1977, S. 31 (1. Buch, Kap. 5).

https://doi.org/10.1515/9783110599510-002

versucht, einen solchen Akt mit erfahrungswissenschaftlichen Methoden zu rekonstruieren. Es geht nicht um die kollektive Psychologie eines historischen Ereignisses, sondern darum zu begreifen, worin der Gedanke legitimer politischer Herrschaft letztlich gründet. Ist keine andere Macht in Sicht, die das Volk als Volk einsetzt, dann bleibt begrifflich nur die Möglichkeit der Selbsteinsetzung.

Aus dieser Grundannahme wächst dem Konzept vom Volk als unhintergehbarer souveräner Macht ein kaum ermessliches Potential zu. Es beschränkt sich dabei jedoch nicht auf die Konzeptualisierung der Volkssouveränität als *pouvoir constituant* im Zusammenhang der Französischen Revolution und ihrer Fortwirkungen. Wie etwa die Geschichte des vergangenen Jahrhunderts zeigt, schließt die Vorstellung vom Volk gerade auch Möglichkeiten der Entfesselung ein, die den verfassungsimmanenten Verständigungsrahmen und die Rationalität des Territorialstaats unterlaufen und die in ausgeprägte Unrechtsregime und destruktive Expansionsbestrebungen münden. An dieser Stelle seien als Beispiele nur die Schlagworte des *Volkes ohne Raum*[4] oder des *gesunden Volksempfindens*[5] genannt – Schlagworte, die mittlerweile kontaminiert sind.

In der Nachkriegszeit prägt der Begriff des *Deutschen Volkes* die Präambeln des Bonner Grundgesetzes[6] und der Verfassung der DDR von 1949.[7] Viele Jahr-

---

4 Vgl. *Grimm*, Volk ohne Raum, 1926; vgl. hierzu auch *Wolter*, „Volk ohne Raum" – Lebensraumvorstellungen im geopolitischen, literarischen und politischen Diskurs der Weimarer Republik. Eine Untersuchung auf der Basis von Fallstudien zu Leben und Werk Karl Haushofers, Hans Grimms und Adolf Hitlers, 2003.

5 In Bezug auf das Strafrecht des Dritten Reiches sei an dieser Stelle nur die sogenannte Analogienovelle vom 28. Juni 1935 (RGBl. I S. 839) erwähnt, durch die § 2 des Reichsstrafgesetzbuchs folgenden Inhalt erhielt: „Bestraft wird, wer eine Tat begeht, die das Gesetz für strafbar erklärt oder die nach dem Grundgedanken eines Strafgesetzes und *nach gesundem Volksempfinden Bestrafung verdient.* Findet auf die Tat kein bestimmtes Strafgesetz unmittelbar Anwendung, so wird die Tat nach dem Gesetz bestraft, dessen Grundgedanke auf sie am besten zutrifft." (Hervorhebung durch die Autoren; vgl. hierzu Vormbaum, Einführung in die moderne Strafrechtsgeschichte, 3. Aufl. 2016, S. 189). Die hiermit einhergehende Bezugnahme auf das, was *nach gesundem Volksempfinden Bestrafung verdient*, impliziert eine Aufweichung vom Erfordernis des schriftlichen Strafgesetzes, die mit rechtsstaatlichen Grundsätzen nicht in Einklang zu bringen ist.

6 Satz 1 dieser Präambel lautet: „Im Bewußtsein seiner Verantwortung vor Gott und den Menschen, von dem Willen beseelt, als gleichberechtigtes Glied in einem vereinten Europa dem Frieden der Welt zu dienen, hat sich das Deutsche Volk kraft seiner verfassungsgebenden Gewalt dieses Grundgesetz gegeben."

7 Die Präambel lautet: „Von dem Willen erfüllt, die Freiheit und die Rechte des Menschen zu verbürgen, das Gemeinschafts- und Wirtschaftsleben in sozialer Gerechtigkeit zu gestalten, dem gesellschaftlichen Fortschritt zu dienen, die Freundschaft mit allen Völkern zu fördern und den Frieden zu sichern, hat sich das deutsche Volk diese Verfassung gegeben." (Gesetzblatt der DDR 1949, S. 6).

zehnte später – am Vorabend des Zusammenbruchs des Ostblocksystems – etabliert sich in der DDR eine politische Neuaufladung des Volksrekurses, als sich Bürgerinnen und Bürger ihrer selbst als politische Macht vergewissern: „Wir sind das Volk" – ein Slogan, der schließlich durch Änderung eines Wortes („Wir sind *ein* Volk") die Forderung der deutschen Einheit ausdrückt.[8]

Heute – drei Jahrzehnte später – wird die Selbstzuschreibung *„Wir sind das Volk"* mitunter aufgegriffen, um Vorstellungen eines exklusiven politischen Kollektivs zu artikulieren, das sich bewusst von den Herausforderungen und Problemen der Weltgesellschaft abschottet (wie etwa im Fall der globalen Migration) oder sie (wie zum Beispiel im Fall globaler ökologischer Risiken) schlicht negiert. Die hiermit genannten Stellungnahmen sind vielfach affektiv, bis hin zum Hass auf bestehende Ordnungen oder Selbstverständnisse, die von der jeweiligen Normvorstellung abweichen. Das gegen die Globalisierung vorgebrachte Argument des Demokratiedefizits könnte sich im Zugriff solcher Anschauungen zur Frage nach einem Legitimationsproblem der Demokratie selbst wenden. Politische Revitalisierung des Volkes könnte sich sogar als Movens und Menetekel einer nach-demokratischen Gesellschaft erweisen. Daher ist es geboten, das Volk einer genaueren Betrachtung zu unterziehen, um die irrationalen und die rationalen Komponenten dieses rechtlichen und politischen Konstrukts zu beleuchten. Genau dies will der vorliegende Sammelband unternehmen.

2 Annäherung

Das Thema des Populismus und die Problematik postdemokratischer Gesellschaften werden mit Leitartikeln und Fernsehdiskussionen nicht bewältigt werden können. Es geht nicht um eine bloße Episode, sondern womöglich um eine der tiefgreifendsten und folgenreichsten Transformationen der politischen Rahmenbedingungen gegenwärtiger Gesellschaften. Die Phänomene, auf die man sich mit dem medial bereits etwas inflationär gebrauchten Schlagwort des Populismus hilfsweise bezieht, sind auf der ganzen Welt wahrzunehmen. Da diese Phänomene vermutlich eine passiv-aggressive Reaktion auf Krisen und Ängste darstellen und einem diffusen Unbehagen gegenüber als zu expertokratisch empfundenen Antworten auf diese Krisen und Ängste entspringen, ist nicht damit zu rechnen, dass der Populismus schnell von der Agenda verschwindet. Vielmehr

8 Vgl. hierzu *Ritter*, Wir sind das Volk! Wir sind ein Volk! Geschichte der deutschen Einigung, 2009, S. 9.

bedroht das Phänomen alle Versuche, globale Probleme vernünftigerweise im Rahmen globaler Verständigung und Koordination zu lösen.

Eine wissenschaftliche Auseinandersetzung muss aber die Perhorreszierung des Phänomens vermeiden und die benannte politische Strömung auf ihren Grundbegriff hin befragen. Dementsprechend muss *Rousseaus* Frage geklärt werden, wer oder was das Volk zum Volk macht, was das Volk ausmacht und was es bestimmt. Vielleicht ist die Prima-facie-Plausibilität des oben beleuchteten Konzepts vom Volk als einer nicht weiter ableitbaren Grundvoraussetzung von Politik sogar schlicht falsch. Insbesondere *Hegel* hat hervorgehoben, dass vom Volk nicht sinnvoll gesprochen werden kann, ohne dass es eine vernünftige Vorstrukturierung des Phänomens gibt. Mit Blick auf eine amorphe Masse oder eine atomisierte Menge kann, so *Hegel*, noch nicht einmal der Ausdruck „Alle" verwendet werden[9], allenfalls könne man von „den Vielen" sprechen[10], aber aus diesem Konzept geht von selbst noch nichts Vernünftiges hervor: „eine formlose Masse, deren Bewegung und Tun eben damit nur elementarisch, vernunftlos, wild und fürchterlich wäre".[11] *Hegel* geht so weit anzudeuten, dass im Begriff der Verfassung gar kein Platz mehr für das Konzept des Volkes sein könnte: „Wie man in Beziehung auf Verfassung noch vom *Volke* [...] sprechen hört, so kann man schon zum voraus wissen, dass man nur Allgemeinheiten und schiefe Deklamationen zu erwarten hat".[12]

Gibt es in modernen Verfassungen am Ende also gar keinen Platz mehr für das Volk? Hier muss man aufpassen, dass die Kritik an einem bestimmten ursprungsphilosophischen Konzept des Volkes nicht dazu führt, das Konzept insgesamt für obsolet zu erklären. Vor allem empfiehlt es sich nicht, die Elitenkritik, die durch die populistischen Strömungen artikuliert wird, mit der Geste eines politischen Elitismus zurückzuweisen. Gerade *Hegel* hat in seiner Rechtsphilosophie die Vermutung geäußert, dass der unvoreingenommene, der sogenannte gesunde Menschenverstand im Grunde schon den richtigen Ausgangspunkt darstellt, um in Fragen des Rechts und Staats das Richtige zu erfassen. Problematisch wird es nur, wenn, wie *Hegel* in der Vorrede zur Rechtsphilosophie ausführt, die Wertschätzung des „unbefangenen Gemüts" dazu führt, dass die Reflexion verweigert wird. Wenn er im Unreflektierten verharrt und aus dem Unreflektierten heraus über rechtliche und politische Fragen räsoniert, verformt sich die natürliche Richtigkeit des gesunden Menschenverstandes. *Hegel* beschreibt die Folgen

9 *Hegel*, Grundlinien der Philosophie des Rechts [1820], Werkausgabe Bd. 7, hrsg. v. Moldenhauer u. Michel, 1986, § 303, S. 473; § 301, S. 469.

10 Ebd., § 301, S. 469.

11 Ebd., § 303, S. 473.

12 Ebd., § 303, S. 473 f.

so, dass diejenigen, die „das Wort *Volk* im Munde“ führen, sich im „Hass gegen das Gesetz“ verbinden.[13] Dies lässt aber auch vermuten, dass das Problem nicht das Volk selbst ist, sondern diejenigen, die zu umstandslos und zu unreflektiert vom Volk reden.

Ein weiteres wichtiges Problem ist: Vom Volk kann politisch nur die Rede sein in Verbindung mit der Vorstellung eines *Volkswillens.* Wie ist ein solcher Wille zu denken? Auch hier bieten gerade *Rousseau* und *Hegel* wichtige Anknüpfungspunkte. Nach *Hegel* weiß das Volk nicht, was es will.[14] Aufgrund dieser Annahme votiert er für eine Überformung der amorphen Masse durch ein Netz spezialisierter und professionalisierter Institutionen, das einem demokratischen System kaum mehr ähnlich sieht. *Rousseau* ist etwas differenzierter und meint, das Volk wolle im Grunde schon das Richtige, nur wisse es häufig nicht, was es sei: „Der Gemeinwille ist immer richtig, aber das Urteil, das ihn leitet, ist nicht immer aufgeklärt“.[15] Das lässt sich als Votum für repräsentative Formen der Demokratie verstehen. Diese Analysen machen die Frage nach der Möglichkeit direkter Formen der Demokratie unumgänglich. Die Kritik von *Rousseau* an Formen der Exekutivdemokratie sowie *Kants* Kritik an der „Unform“[16] solcher Regierungsvorstellungen legen nahe, dass Volk und Regierung immer auch auf Abstand gehalten werden müssen. Aber in welchem Sinne genau? Wie kann man Formen direktdemokratischer Willensbildung implementieren, ohne dabei Volk und Regierung exekutivdemokratisch zusammenfallen zu lassen? Oder gibt es etwa eine bestimmte Form des Zusammenfallens, die die richtige Form darstellt?

3 Leitfragen

Die eben aufgeworfenen Fragen sind bis heute ungeklärt und verlangen angesichts der weltweilt zu beobachtenden Krise der Demokratie, paradoxerweise unter dem Eindruck der Renaissance einer neuen Ursprungsphilosophie des Volkes, einer verstärkten wissenschaftlichen Bemühung. Verbindet man sie mit den bisher vorgestellten Überlegungen, so lassen sich drei Leitfragen herausstellen:

Erstens: Was macht das Volk überhaupt zum Volk?

Zweitens: Wieviel Volk brauchen moderne Verfassungen?

---

13 Ebd., Vorrede, S. 20.

14 Ebd., § 301, S. 469.

15 *Rousseau*, Contrat social (Fn. 3), 2. Buch, Kap. 6.

16 *Kant*, Zum ewigen Frieden [1795], 1984, S. 14.

Drittens: Was hat man sich unter dem Willen des Volkes vorzustellen und wie drückt er sich in einer verfassten Demokratie aus?

Alle drei Fragen lassen Raum für die Möglichkeit, dass es durchaus verschiedene Volksbegriffe gibt, wobei die betreffenden Subjektgruppen durchaus identisch sein können, mitunter aber auch divergieren können. Man denke etwa nur an einen kulturell geprägten Volksbegriff oder aber an einen normativen Volksbegriff. Hinsichtlich des zuletzt genannten Konzepts hält *Niesen* im vorliegenden Sammelband – aus einer demokratietheoretischen Perspektive und in Anknüpfung an *Sieyes* – fest, dass „ein Volk im normativen Sinn nicht freistehend von der Zuschreibung verfassunggebender Gewalt identifiziert werden kann".[17] Die in der Geschichte und der Gegenwart zu sehende politische Auseinandersetzung um die Frage, welche Gruppierungen zum Volk gehören („*Wir* sind das Volk"), stellt aus dieser Perspektive einen Kampf um die verfassunggebende Gewalt dar.

Die *erste Leitfrage* ließe sich daher auch umformulieren in die Frage: Was macht das Volk überhaupt zur verfassunggebenden Gewalt? Diese Frage ist sowohl normativ als auch empirisch bedeutsam – die normative Relevanz speist sich aus der Frage der Letztbegründung, während sich die empirische Bedeutung daraus ergibt, dass mit der Frage der verfassunggebenden Gewalt stets auch die Machtfrage der politischen und der rechtlichen Deutungshoheit einhergeht („*Wir* sind das Volk"). Die Akzeptanz der Prämisse, dass das Volk die verfassunggebende Gewalt innehat, dürfte die Bedeutung der Frage, wer eigentlich das Volk ist, sogar noch erhöhen. So nehmen etwa aktuelle politische Strömungen, die mitunter als populistisch klassifiziert werden, für sich gerade in Anspruch, einen Volkswillen gegen den Elitenwillen zu bilden. Auf diesen Umstand wird *Landwehr* in diesem Band näher eingehen,[18] während *Martins* das Populismuskonzept im Strafrecht und in der Kriminalpolitik in den Blick nimmt.[19]

Die Frage, inwieweit das Vorliegen derartiger Auseinandersetzungen um die Repräsentanz *des* Volkes als Zeichen politischer Instabilität zu deuten ist, leitet über zur *zweiten Leitfrage:* Wieviel Volk brauchen moderne Verfassungen? Diese Frage lässt sich in jedem Fall (in Anlehnung an eine von *Niesen* genannte Variante) rein verfassungsimplizit beantworten: „Es ist die Verfassung, die darüber entscheidet, welches und ‚wieviel' Volk sie benötigt".[20] Geht man allerdings vom Ideal einer handlungs- und existenzfähigen verfassten Ordnung aus, so wäre die Antwort auf die Frage, wieviel Volk moderne Verfassungen brauchen, verfassungsexplizit zu suchen. Entsprechendes gilt dann, wenn man neben der Hand-

17 *Niesen* in diesem Band, S. 75.
18 *Landwehr* in diesem Band S. 102 (unter Verweis auf *Mudde* und *Kaltwasser*).
19 *Martins* in diesem Band, S. 117ff.
20 So die eine der beiden Möglichkeiten, auf die *Niesen* in diesem Band S. 73 zutreffend hinweist.

lungs- und Existenzfähigkeit der verfassten Ordnung das Erfordernis der Einhaltung grundlegender Menschenrechte betont. So ließe sich die zweite Leitfrage etwa auch in folgender Weise ergänzen bzw. konkretisieren: Wieviel Volk brauchen moderne Verfassungen, um einen angemessenen Minderheitenschutz zu gewährleisten? Eng hiermit verwoben ist die *dritte Leitfrage* – die Frage nach der Artikulation des Volkswillens. Dies betrifft gleichermaßen den Aspekt der Notwendigkeit direktdemokratischer Verfassungselemente wie auch die von *Martins* (für das Strafrecht) beleuchtete Frage, welchen Einfluss ein Volkswille in der Rechtsanwendung haben kann.

4 Beiträge

Den genannten drei Leitfragen (nebst ihren Konkretisierungen und Abwandlungen) widmen sich die in diesem Sammelband vereinten Beiträge aus rechtswissenschaftlicher, philosophischer und politikwissenschaftlicher Perspektive. Der Aufsatz von *Augsberg* behandelt in theoretischer Hinsicht die Frage, in wessen Namen das Recht spricht, „wenn es ‚im Namen des Volkes' spricht".[21] Hierfür setzt sich der Autor unter anderem mit der Position *Carl Schmitts* auseinander, die bei *Augsberg* folgende Rekonstruktion erfährt: „Das von der Verfassung und dem Recht zugrunde gelegte Konzept ‚Volk' ist weder juristisch noch tatsächlich zu bestimmen. Aus beiden Perspektiven kann es nur negativ erscheinen. Die einzige positive Bestimmtheit [...] ist seine Unbestimmbarkeit".[22] Vor diesem Hintergrund untersucht der Verfasser in seinem Beitrag das Volkskonzept unter Rückgriff auf seine Negationen.

Es folgt der Aufsatz von *Zabel*, in dem der Autor das Volkskonzept im Kontext von Rechtsform und politischer Urteilskraft beleuchtet: Geht man von einem Formprimat des Rechts aus, so lässt sich das Volkskonzept nach *Zabel* als Verfassungsbegriff deuten. In Situationen einer Rebellion werde diesem verfassten Volk ein anderes Volk durch Selbstattribution gegenübergestellt – eine Konfrontation, die laut *Zabel* die Frage evoziert, in welcher Weise die Entstehung einer Gewalt-Ideologie und einer „Hegemonie des Politischen" verhindert werden kann.[23] Hierfür knüpft der Verfasser an eine Metapher bei *Kelsen* an: „Die Rede von der totemistischen Maske der Demokratie soll darauf aufmerksam machen, dass der Herrschaftsbegriff auch in modernen Demokratietheorien keine scharfen

21 *Augsberg* in diesem Band, S. 11.

22 Ebd., S 13.

23 *Zabel* in diesem Band, S. 44f.

Konturierungen erhalten hat, sondern ein hoch umstrittener *Kampfbegriff* geblieben ist".[24] Dementsprechend unternimmt der Autor den Ansatz, das Volkskonzept im Sinne einer Urteils- und Kommunikationsgemeinschaft zu reformulieren.

Hieran schließt sich der Aufsatz von *Günther* an, der eine historische Rekonstruktion des Bedeutungsgehaltes der französischen Begriffe *pays réel* und *pays légal* enthält. Der Autor zeigt hier, dass diese Begriffe seit der Wende zum 20. Jahrhundert in Frankreich, Belgien und in Deutschland primär als Gegensatz verstanden werden, als begriffspolitisches Instrument, um das vermeintlich wahre Volk mit dem *System* in Kontrast zu setzen. *Günther* stellt dieser Sichtweise ein komplementäres semantisches Verständnis gegenüber, das einer älteren Begriffsgeschichte folgt. Ein solches Verständnis kann etwa an die Deklaration der Menschen- und Bürgerrechte von 1789 anknüpfen und es beinhaltet, „dass die Angehörigen eines pays réel, die sich zu einer Nation im Sinne eines pays légal zusammenschließen, dies nur deswegen tun, weil sie zugleich Bürger einer dritten Gemeinschaft sind, der kosmopolitischen Gemeinschaft der Menschenrechtssubjekte. Diese ist das eigentliche pays réel, weil die Menschenrechte jedem einzelnen mit der Geburt und unverlierbar gegeben sind, und sie ist das pays réel, das mit dem pays légal kongruent ist".[25]

Der vierte Beitrag dieses Sammelbandes nimmt seinen Ausgang in der oben genannten ersten Leitfrage: Was macht das Volk überhaupt zum Volk? Entsprechend dem Gesagten identifiziert *Niesen* hier das Volk mit dem *„pouvoir constituant,* der verfassunggebenden Gewalt desjenigen Kollektivs, auf das alle weiteren politischen und rechtlichen Zuständigkeiten und Befugnisse gegründet sind".[26] Der Verfasser legt hierbei ein besonderes Augenmerk auf die dynamische Veränderung der Allokation verfassunggebender Gewalten, wobei *Niesen* sowohl Föderationen als auch nicht-föderative Staaten im Blick hat: „Krisenphänomene [...] zeigen, dass auch Staatsverfassungen sich durch konflikthafte Versuche der Herausbildung neuer (oder auch der Wiederbelebung alter, vermeintlich abgestorbener) verfassunggebender Gewalten herausfordern lassen. Die Auseinandersetzung um den Status als Volk ist, so die hier vorgetragene These, außerhalb wie innerhalb von Staaten ein Kampf um verfassunggebende Gewalt".[27] Der Autor erörtert die Idee der Artikulation, Hervorbringung und Ausübung einer konstituierenden Autorität unter anderem anhand der Bewegung *Democracy in Euro-*

24 Ebd., S. 48.
25 *Günther* in diesem Band, S. 72.
26 *Niesen* in diesem Band, S. 73.
27 Ebd., S. 74.

pe25 (DiEM25) sowie anhand des katalanischen Unabhängigkeitsreferendums von 2017.

Im sich anschließenden Aufsatz zeichnet *Landwehr* nach, in welcher Weise als populistisch klassifizierte „Ideologien die Begriffe des Volkes und der Volksherrschaft in einem spezifischen populistischen Demokratieverständnis miteinander verbinden".[28] Die Verfasserin stellt hier eine empirische Untersuchung vor, die die sogenannte Nachfrageseite solcher Strömungen in den Blick nimmt, die als populistisch eingeordnet werden. Dabei wird die Frage untersucht, „wie das [...] populistische Demokratieverständnis bei zumindest einem Teil der Bürgerinnen und Bürger als Resonanzboden für die Angebote populistischer Parteien und Kandidaten fungiert".[29]

Den Schluss bildet ein Beitrag, der mit dem Strafrecht ein Rechtsgebiet erfasst, in dem die Legitimitätsfrage mit besonderem Nachdruck zu stellen ist. *Martins* widmet sich in diesem Aufsatz unter anderem dem Verhältnis zwischen dem Volksbegriff einerseits und der Legitimation und Anwendung des Strafrechts andererseits. Hier beleuchtet der Autor etwa die Frage, inwieweit sich eine Bestrafung von Menschen rechtfertigen lässt, die keinerlei demokratisches Mitspracherecht haben. Im Hinblick auf den Volksbezug der Strafrechtsanwendung diskutiert *Martins* das Gebot hinreichend bestimmter Straftatbestände.

28 *Landwehr* in diesem Band, S. 99.
29 Ebd., S. 110.

Ino Augsberg

Im Namen des Volkes

1

In wessen Namen spricht das Recht? Die Frage stellt sich nicht nur dort, wo ihre Beantwortung deshalb besonders schwerfällt, weil keine unmittelbare Fremdreferenz in Gestalt eines einschlägigen Genitivsubjekts benannt ist, sondern entweder diese Referenz erst mühsam konstruiert werden muss oder gar das Recht offenbar im eigenen Namen auftritt: als Recht-Sprechung im emphatischen Sinn, die sich performativ den eigenen Status des Recht-Seins allererst selbst zuspricht.[1] Die Frage stellt sich vielmehr ebenso dort, wo die Antwort eindeutig scheint, weil jeder Akt der Rechtsprechung auf die entsprechende Referenz ausdrücklich Bezug nimmt. Diese Antwort ruft nämlich nur eine neue Frage hervor: In wessen Namen spricht das Recht, wenn es „im Namen des Volkes" spricht? Wer oder was ist das, worauf das Recht Bezug nimmt, indem es sich als sein Stellvertreter oder Repräsentant geriert und daraus den Anspruch ableitet, die eigenen Sprechakte seien mehr als bloße Machtsprüche?[2] Angesprochen ist damit nicht nur die analog aus den Debatten zum Gesellschaftsvertrag bekannte Problematik, wie das Recht vor dem Recht, das heißt ohne die eigenen Stellvertretungs- und Legitimationsmechanismen in Anspruch zu nehmen, in fremdem Namen sprechen (und durch Sprache handeln) kann.[3] In Frage steht noch etwas anderes. Wie lässt sich der Name dessen verstehen, in dessen Namen Recht gesprochen wird? Muss dieser Name vielleicht, statt als eigene Voraussetzung des Rechts zu erscheinen, die die Gründungsparadoxie des Rechts durch eine Gründungstautologie ersetzt, als Ereignis einer Annahme verstanden werden, das selbst niemals erscheint? Kann man überhaupt – und mit welchem Recht – einen Namen verstehen, ohne ihn selbst zu geben? Impliziert nicht jeder als gegeben verstandene Name einen weiteren Namen, in dessen Namen die Namensgebung erfolgt? Kann es sein, dass

1 Vgl. zum Problem von *Bogdandy/Venzke*, In wessen Namen? Internationale Gerichte in Zeiten globalen Regierens, 2014, die für den Bereich einer internationalen Rechtsprechung eine Reihe konkreter Vorschläge diskutieren, „in wessen Namen" eine derartige Judikatur erfolgen kann, um letztlich für die Doppelformel „im Namen der Völker und der Bürger" zu votieren (vgl. a. a. O., S. 286 ff.).

2 Vgl. zur Abgrenzung des Rechts gegenüber den Machtsprüchen mit Bezug auf Kant näher *Fenves*, Der späte Kant. Für ein anderes Gesetz der Erde, 2010, S. 11 ff.

3 Vgl. zur Debatte bezüglich der Gesellschaftsvertragskonstruktion *Schmitt*, Der Wert des Staates und die Bedeutung des Einzelnen, 2. Aufl. 2004, S. 105 f.

https://doi.org/10.1515/9783110599510-003

jedes Urteil, das „im Namen des Volkes" ergeht, in letzter Instanz auf ein Geschehen verweist, das im Namen dessen spricht, der oder das nichts als Name ist? Heißt „im Namen von" sprechen demnach je schon: im Namen des Namens sprechen?[4]

2

Jedenfalls indiziert die Wendung „im Namen des Volkes" ein Verständnis, dem gemäß „das Volk" dem Recht vorauszusetzen ist. Das so angesprochene Volk steht vor dem Gesetz. Es geht – was die Überschrift „Präambel" präzise notiert – sogar dem Recht des Rechts, das heißt dem Grundgesetz, noch voran. Seine durch den bestimmten Artikel angezeigte Einheit kann demnach keine rechtlich bestimmte sein. Was immer der Name „Volk" in diesem Zusammenhang heißen mag, er benennt zumindest kein ausschließlich juristisch definiertes oder definierbares Phänomen. „Auch wenn man annimmt, wie es mindestens seit der Französischen Revolution üblich ist, dass das Volk Träger der konstitutionellen Macht ist, muss es sich, in seiner Eigenschaft als Träger dieser Macht, notwendigerweise außerhalb jeder rechtlich-konstitutionellen Norm befinden."[5] Deswegen betrifft ein Austausch der Begrifflichkeiten, der in anderen, konkreter juristisch bestimmten Kontexten etwa „Volk" durch „Bevölkerung" ersetzen will oder statt „citizenship" nunmehr „denizenship" als neue Grundkategorie entdeckt,[6] das Volk, in dessen Namen Recht gesprochen wird, nicht.

Das bedeutet umgekehrt keineswegs, dass das Volk, in dessen Namen das Recht sein Recht spricht, als vorrechtliche eine schlicht empirische Gegebenheit bildet, ein bloßes Faktum, dessen einzelne Charakteristika zu beobachten und zu benennen sind. So wenig „das Volk" im genannten Kontext zum einfachen Verfügungsobjekt rechtspolitischer Auseinandersetzungen reduziert werden darf, so wenig entzieht es sich derartigen Auseinandersetzungen allein deshalb, weil es positiv in Kategorien des Tatsächlichen zu erfassen ist. Im Gegenteil: In dem Maße, in dem mit der Wendung „im Namen des Volkes" eine Deutung als Auto-

---

4 Vgl. zu den entsprechenden, jeweils um eine Theorie des Namens kreisenden Überlegungen mit Bezug auf Schmitt einer- und Hegel andererseits *Schestag*, Namen nehmen. Zur Theorie des Namens bei Carl Schmitt, Modern Language Notes 122, 2007, S. 544ff., und *Ruda*, Hegels Pöbel. Eine Untersuchung der „Grundlinien der Philosophie des Rechts", 2011, denen alles Folgende entscheidende Anstöße verdankt.

5 So *Agamben*, Stasis. Der Bürgerkrieg als politisches Paradigma, 2016, S. 66.

6 Vgl. dazu etwa *Walker*, Denizenship and the Deterritorialization in the EU, EUI Working Papers LAW 2008/08.

risierungsformel verknüpft ist, lassen sich weder biologisch-genetische noch im weiteren Sinne geographische, einen bestimmten Aufenthaltsort zu einer bestimmten Zeit beschreibende Aspekte als hinreichende Definitionskriterien verwenden. Auch sozio-kulturelle Gegebenheiten genügen diesem Anspruch offenbar nicht. Der präjuridische, nichtsdestotrotz auf (noch) unbestimmte Weise mit der Sphäre des Normativen verknüpfte Charakter der autorisierenden Formel ist aus der reinen Faktizität nicht abzuleiten.

Festzuhalten bleibt für die Frage nach dem Status des „Volks" damit zunächst nur eine doppelte Negation: Das Volk, in dessen Namen das Recht auftritt, ist ebenso wenig auf die Gesamtheit der „Staatsbürger" wie auf „die Bevölkerung" oder angeblich spezifisch „völkische" Eigenschaften festzulegen. Das von der Verfassung und dem Recht zugrunde gelegte Konzept „Volk" ist weder juristisch noch tatsächlich zu bestimmen. Aus beiden Perspektiven kann es nur negativ erscheinen. Die einzige positive Bestimmtheit jenes Konzepts, die auf doppeldeutige Weise seine Einzigkeit und Einheit ausmacht – das heißt begründet und zugleich exstirpiert –, ist seine Unbestimmbarkeit.

3

Die skizzierte Position ist zumindest die Perspektive auf den Zusammenhang von Volk und Recht, die sich in Carl Schmitts Werk aufzeigen lässt. Präziser muss man sagen: Es ist eine der vielfältigen, teilweise gegensätzlichen Perspektiven, die sich in diesem scheinbar so stark auf markig vorgetragene Eindeutigkeit bedachten Werk finden lassen. In Ansätzen findet sie sich bereits bei dem jungen Schmitt. Besonders markant, wenngleich mit einer charakteristischen Gegenbewegung gepaart, das heißt in einer für Schmitts Werk insgesamt typischen Ambivalenz, die ein bestimmtes Phänomen zugleich beschreibt und verdeckt, tritt die entsprechende Sicht in der „Verfassungslehre" hervor.[7]

Schon Schmitts Habilitationsschrift über den „Wert des Staates und die Bedeutung des Einzelnen" aus dem Jahr 1914 statuiert, noch mit deutlich (neu-)kantianischen Anklängen (weswegen dieses Werk im Kreis um Kelsen wohlwollend rezipiert wurde: Alfred Verdross schreibt Schmitt und berichtet, er habe über das Buch in Kelsens rechtsphilosophischem Seminar referiert, und Schmitts

7 Vgl. zum Folgenden bereits die ausgezeichneten Analysen bei *Schestag*, Namen nehmen (Fn. 4). Zu Schmitts Doppelbewegung des Aufzeigens und Abwehrens bestimmter Phänomene ferner *Derrida*, Politik der Freundschaft, 2000, S. 124; sowie *Balke*, Der Staat nach seinem Ende. Die Versuchung Carl Schmitts, 1996, S. 15.

Ausführungen hätten dort „großen Beifall gefunden“[8]), einen der genannten doppelten Negation entsprechenden Zusammenhang – oder genauer: die Nicht-Existenz eines solchen Zusammenhangs – hinsichtlich der juristischen Begründungsverhältnisse. „Wenn das Recht aus Tatsachen abgeleitet werden kann, so gibt es kein Recht. Die beiden Welten stehen einander gegenüber“[9]. Das kleine Buch geht dabei allerdings auf die Frage nach dem, was vor dem Recht kommt, kaum näher ein. Sein Akzent liegt ganz auf der umgekehrten Sicht, die hervorheben will, was alles danach kommt: Sowohl der Staat wie der Einzelne gehen dem jungen Schmitt zufolge dem Recht nicht voran, sondern werden erst durch das Recht hervorgebracht. Vor dem Gesetz steht damit nicht das autonome Individuum, sondern ein bloß materielles Phänomen, dessen etwaige dem Chaos entgegengesetzte Einheit sich blankem Zufall verdankt.

> „Das leibliche konkrete Individuum ist, wenn die Betrachtung sich über die materielle Körperlichkeit erhebt, eine gänzlich zufällige Einheit, ein zusammengewehter Haufen von Atomen, dessen Gestalt, Individualität und Einzigkeit keine andere sind, wie die des Staubes, der vom Wirbelwind zu einer Säule gefügt wird. Geht aber die Betrachtung über das Materielle hinaus, so liegt das Kriterium der Individualität in einem Wert, der einer Norm entnommen ist.“[10]

Diese Aussage expliziert das der Einleitung und damit dem ganzen Buch vorangestellte, Theodor Däublers „Nordlicht“ entnommene Motto: „Zuerst ist das Gebot, die Menschen kommen später.“[11] Vor dem Gesetz steht demnach, was das Individuum betrifft, noch nicht „der Mensch“, sondern nur „materielle Körperlichkeit“.

Charakteristisch für Schmitts Beschreibung ist allerdings, dass die rechtliche Bewegung mehr als eine reine Formung im Sinne der ordnenden Strukturierung einer vorgegebenen Materie benennt. Die juristische Aktivität ist weiter gefasst. Schmitt geht von der Erläuterung zur bloßen Materialität unmittelbar über zu einer Beschreibung der juristischen Technik der Fiktionen, die diese ausdrücklich abgrenzt vom Vaihinger'schen Verständnis einer „bewußt falschen Annahme“. Die Fiktionen ahmen für Schmitt das „eigentlich Wirkliche“ nicht bloß nach, sondern schaffen durch eigene Tat die juristisch relevanten Sachen, die sich durch keinen Vergleich zu dem, was ihnen vorangeht, rechtfertigen müssen. Sie verweisen nicht auf ein außerhalb ihrer vorhandenes „Urbild“; sie sind ihr eigenes

---

8 Vgl. dazu näher *Mehring*, Carl Schmitt. Aufstieg und Fall. Eine Biographie, 2009, S. 65.

9 *Schmitt*, Der Wert des Staates (Fn. 3), S. 36 f. Schmitts Konstruktion zufolge bildet dann der Staat den „Übergangspunkt der einen Welt zur andern“ (a. a. O., S. 56).

10 *Schmitt*, Der Wert des Staates (Fn. 3), S. 101.

11 *Schmitt*, Der Wert des Staates (Fn. 3), S. 9.

Urbild.[12] Das juristische Schaffen (man könnte auch sagen: Wirken oder Konstituieren) erschöpft sich nicht in bloßer Mimesis. Es ist selbst in einem höheren – sich über die bloße Materialität erhebenden – Sinn schöpferisch tätig. Eben das meint die Rede vom „Antinaturalismus im Recht"[13].

Nicht ganz verdeckt werden kann dabei jedoch, dass mit dem Hinweis auf die konkrete Materialität „ein Erdenrest / zu tragen peinlich" verbleibt. Diese eigentümliche Bindung an „materielle Körperlichkeit" einerseits bei gleichzeitiger Behauptung freier Schöpfungskraft andererseits hat ihr ebenso eigentümliches Pendant in Schmitts ebenfalls bereits in der Habilitationsschrift aufzufindender, allerdings in merkwürdig verkapselter, nur indirekt bejahter Gestalt präsentierter Sprachkonzeption.[14] Schmitt kritisiert zu Beginn des zweiten Kapitels der Arbeit etwas, was für einen Juristen so selbstverständlich erscheint, dass die explizite Zurückweisung aufmerken lässt. Bei dem Versuch, prägnant zu bestimmen, was das Wort „Staat" heißen könnte, weist er zunächst ein „unkritisches Vertrauen auf das Sprachgefühl und eine bedingungslose Auslieferung an den flatus vocis"[15] zurück. Die Betrachtung der Sprache darf sich nicht in sich selbst erschöpfen; auch sie muss, um über das wirbelnde Chaos hinaus zu fester Einheit zu gelangen und dadurch allererst einen instrumentellen Gebrauch zu ermöglichen, normativ gebündelt und gebändigt werden. Schmitt formuliert in dieser Hinsicht zunächst einen Problembefund:

> „Der verwirrende Wirbel von Assoziationen, die sich an ein Wort anknüpfen, kann nicht aus sich selbst heraus das ordnungsschaffende Prinzip gebären, das dem Begriff die nötige Festigkeit verleiht, damit er überhaupt verwendbar werde."[16]

Das scheint der Differenz von bloß materieller Körperlichkeit und juristisch fingierten, das heißt geschaffenen Wirklichkeiten zu entsprechen. Der verwirrende Wirbel sprachlicher Assoziationen (das Wort wird hier das erste Mal genannt; es taucht dann, wie um die Parallelität der Situationen zu unterstreichen, zum „Wirbelwind" erweitert im Rahmen der Beschreibung der rein zufälligen bloß körperlich-materiellen Einheit wieder auf[17]) bildet damit das Gegenphänomen zu

---

12 Vgl. *Schmitt*, Der Wert des Staates (Fn. 3), S. 104: „Die ‚fiktive' juristische Person ist das Urbild aller Persönlichkeit im Recht."

13 *Schmitt*, Der Wert des Staates (Fn. 3), S. 102.

14 Vgl. dazu näher bereits *Schestag*, Namen nehmen (Fn. 4), S. 544 ff. Allg. zu Schmitts Sprachverständnis ferner *Augsberg*, Kassiber. Die Aufgabe der juristischen Hermeneutik, 2016, S. 44 ff.

15 *Schmitt*, Der Wert des Staates (Fn. 3), S. 46.

16 Ebd.

17 Vgl. zu dieser Parallele bereits *Schestag*, Namen nehmen (Fn. 3), S. 545.

dem im Widerstand gegen seine Fliehkräfte zu gewinnenden sicheren Stand, den die Benennungen und die Dinge, die Dinge durch ihre sicheren Benennungen, gewinnen müssen – gegen jenen Wirbel also, der es zulassen würde, den gesuchten sicheren Stand nicht nur mit irgendeinem vorgegebenen Deutungsschema zu traktieren (also etwa, in einer bestimmten psychoanalytischen Sicht, die Gegenläufigkeit der Rede von „Säule" und „Festigkeit" einerseits und dem Prinzip des *Mater*iellen andererseits hervorzuheben), sondern ihn sprachlich auf einen bestimmten *status* zurückzuführen und diesen wiederum mit dem Staat zu assoziieren, um auf diese Weise *polis* und *polos* gegenüberzustellen.[18]

Dann jedoch, im unmittelbaren Anschluss an das Vorherige, gewissermaßen in Parenthese zur eigenen Grundaussage, gesteht Schmitt einer anderen Form der Auslieferung an die Sprache doch ihr Recht zu. In und als Sprache zeigt sich danach etwas, was zwar noch nicht ein normativ ausgeformter, hinsichtlich der Grenzen seines zulässigen Gebrauchs genau bestimmter und insoweit beherrschter Begriff ist, aber dennoch als mehr denn ein bloß biologisches Phänomen, ein *factum brutum*, erscheint.

> „Freilich liegen in jeder sprachlichen Benennung viele und wichtige Hinweise, die Sprache ist mehr als ein rein biologisches Werkzeug, ein Mittel zur Verständigung, das dem Menschen nichts anderes bedeutete, als etwa dem Hunde sein ausgebildeter Geruchssinn. Jedes Problem nimmt mit der Erforschung jener Relationen und Andeutungen seinen Anfang. Die Methode aber, die exakt den Sprachgebrauch feststellen will, um einen wissenschaftlichen Begriff daraus zu gewinnen, verkennt gerade diese Bedeutung der Sprache und achtet sie nur als Faktum, wie jedes andere Faktum."[19]

Die beiden einzigen Beispiele, die Schmitt in seiner Habilitationsschrift für derartige unmittelbar aus einem Wort selbst abzuleitende, die Erkenntnis fördernde

---

18 Vgl. zu einer solchen Assoziation, allerdings in gewissermaßen umgekehrter Richtung, *Heidegger*, Hölderlins Hymne „Der Ister" (Freiburger Vorlesung Sommersemester 1942), GA Bd. 53, *Biemel* (Hrsg.), 1984, S. 100: „Vielleicht ist πόλις der Ort und der Bereich, um den sich alles Fragwürdige und Unheimliche in einem ausgezeichneten Sinne dreht. Die πόλις ist πόλος, d. h. der Pol, der Wirbel, in dem und um den sich alles dreht. In beiden Worten ist *das* Wesentliche genannt, was im zweiten Wort des Chorliedes das Zeitwort πέλειν sagt: das Beständige und der Wechsel. Das wesenhaft ‚Polare' der πόλις geht das Seiende im Ganzen an. Das Polare betrifft das Seiende in dem, worum es, das Seiende als das offenbare, sich dreht. Auf diesen Pol ist dann der Mensch in einem ausgezeichneten Sinne bezogen, sofern der Mensch das Sein verstehend inmitten des Seienden steht und hier notwendig jeweils einen ‚status', einen Stand mit seinen Zuständen und Umständen hat. ‚status' ist der ‚Staat'. Also besagt πόλις doch so viel wie ‚Staat'. Wir sind jedoch bereits wieder auf einem Irrweg, wenn wir uns, πόλις als Staat denkend, wissentlich oder gedankenlos an Vorstellungen von neuzeitlichen Staatsgebilden halten."

19 *Schmitt*, Der Wert des Staates (Fn. 3), S. 46.

Hinweise gibt, sind allerdings von elliptischer Kürze; sie erscheinen damit merkwürdig kryptisch und sowohl hinsichtlich der behaupteten Sachaufklärung im konkreten Einzelfall wie mit Bezug auf das dahinterstehende grundsätzliche Verfahren wenig ergiebig. Wenige Seiten nach den allgemeinen Ausführungen zur Relevanz der Sprache statuiert Schmitt das erste entsprechend buchstäblich zu verstehende *argumentum ex verbo.* Anknüpfungspunkt ist dabei das Wort „Legitimation".

> „Die elementarsten Ausgangspunkte aller juristischen Geistestätigkeit [...] fordern eine Legitimation, die kein Faktum, sondern nur eine Norm geben kann und setzen, wie sich schon aus dem Worte ‚Legitimation' ergibt, das Recht vor den Staat."[20]

Was genau im Einzelnen sich zeigt und auf diese Weise aus dem Wort selbst folgt – die dem Legitimationserfordernis eingeschriebene *lex?* –, bleibt unbestimmt, es wird als selbstverständlich vorausgesetzt. Entsprechendes gilt für den unmittelbar folgenden Satz, der das zweite Beispiel für die Aussagekraft eines bloßen Wortes bildet. Hier soll offensichtlich die Reihenfolge der beiden Wortbestandteile in einem aus zwei Nomen zusammengesetzten Substantiv als Argument in der Sache fungieren. Daraus wird immerhin erkennbar, dass die Parallele zur „materiellen Körperlichkeit" die Buchstäblichkeit eines Wortes betrifft, das heißt die äußere Gestalt im Sinne dessen, was Walter Benjamin das „Wortskelett" genannt hat.[21] Es tritt nach Benjamin hervor, wenn der betrachtende Blick auf das Wort jede „Intention auf seine Bedeutung" verloren hat, also eine Art leeres Lesen geworden ist, das sich gerade nicht darauf konzentriert, einen spezifischen Sinn aufzulesen. Das „Wortskelett" ist durch eine bestimmte Bedeutungslosigkeit charakterisiert. Sie bildet aber kein schlichtes Privationsphänomen gegenüber ausdrücklich semantischen Analysen, sondern geht diesen Analysen in gewissem Sinne immer schon voraus und bestimmt sie mit. Das Wortskelett ist deut*bar* in der Doppeldeutigkeit des deutschen Suffixes, der gemäß – *nudus* auf der einen mit *ferus* und *ferre* respektive *phoros* und *pherein* auf der anderen Seite kurzschließend[22] – das Skelett jeder Deutung bar und zugleich ihr gegenüber offen, ihre Möglichkeit eröffnend, ist.[23] Die Blöße des Worts, das jeder sich vordrängenden,

20 *Schmitt*, Der Wert des Staates (Fn. 3), S. 53.

21 Vgl. *Benjamin*, Das Skelett des Wortes, in: *ders.*, Gesammelte Schriften, Bd. VI: Fragmente vermischten Inhalts. Autobiographische Schriften, 1985, S. 15 ff. Dazu näher *Schestag*, „geteilte Aufmerksamkeit", in: *ders.* (Hrsg.), „geteilte Aufmerksamkeit". Zur Frage des Lesens, 1997, S. 7 ff. (13 ff.).

22 Vgl. dazu näher *Grimm/Grimm*, Deutsches Wörterbuch, Bd. 1, Leipzig 1854, Sp. 1120.

23 Vgl. allg. zum Thema der „-barkeit" bei Benjamin näher *Weber*, Benjamin's -abilities, Cambridge (MA) 2008; speziell zum Verhältnis von Benjamin und Schmitt, allerdings weitgehend

es zudeckenden Intention auf etwas anderes als das Wort so weit verlustig gegangen ist, dass sie, über die Rede von der „materiellen Körperlichkeit" hinausgehend, noch den Wortleib hinter sich lässt, ihn zum blanken Skelett austrocknet, verdorrt, macht das bloße Wort als solches les- und deutbar. So gelesen und gedeutet, spricht sich das Deut*bare* des Worts gegen jenen Trennungsstrich (*barre*) aus, der als Signum einer allzu scharfen Abgrenzung von Signifikant und Signifikat fungiert. Ein entsprechendes Dependenzverhältnis, in dem das bloße Wort, sein Skelett, auf die eigene Bedeutung (vor)deutet und damit eine geläufige Differenzierung von Bedeutungsträger und Bedeutungsgehalt unterläuft, wird jedenfalls von Schmitt behauptet:

> „Auch das Wort ‚Rechtsstaat' deutet auf den Primat des Rechts, denn es bezeichnet für eine rechtsphilosophische Betrachtung den Staat, der das Recht als ein vor ihm geltendes Prinzip für sich maßgebend sein läßt."[24]

Deutlicher als die Habilitationsschrift buchstabiert den Bezug auf ein unverfügbar vorgängiges, zugleich ganz unbestimmt bleibendes Element, das gerade aufgrund dieser Unbestimmtheit in seiner sprachlichen Dimension zu bedenken ist und dabei auf Sprache als sowohl normatives wie vorrechtliches Phänomen verweist, die fast anderthalb Jahrzehnte später, 1928, erschienene „Verfassungslehre" aus. Die entsprechenden Ausführungen bleiben dabei erneut in mehrfacher Hinsicht ambivalent. Die Mehrdeutigkeit der Konzeption wird nun aber, zumindest teilweise, eigens thematisch, und dort, wo dies geschieht, weist die „Verfassungslehre" die Mehrdeutigkeit zudem eigens als ein sprachlich konstituiertes Phänomen aus. Das Verfahren lässt sich damit als Versuch lesen, den „verwirrenden Wirbel von Assoziationen", die sich an das Wort „Volk" knüpfen, so zu ordnen, dass juristisch fassbare, hinreichend feste Begriffe entstehen. Es lässt sich aber ebenso als Beleg dafür entziffern, dass das Wort „Volk" sich der juristischen Fassbarkeit entzieht, weil das, was damit benannt werden soll, allen Bestimmungsversuchen des Rechts notwendig vorangeht und ihnen dadurch je schon entzogen ist.

Charakteristisch für dieses Vorgehen ist der Anspruch, eine „Übersicht über die Bedeutungen des Wortes ‚Volk' für eine moderne Verfassungslehre" zu geben. Damit wird Mehrdeutigkeit zugestanden und gleichzeitig, durch eine ihrerseits doppeldeutige Bewegung, die als Einteilung des Unterschiedenen wieder ordnend-zusammenfasst, was sie zunächst als voneinander getrennt benennt, un-

---

ohne Einbeziehung des jeweiligen Sprachdenkens, ebd., S. 176 ff. Zur Doppeldeutigkeit der „-barkeit" auch *Ruda*, Hegels Pöbel (Fn. 4), S. 257 f.

24 *Schmitt*, Der Wert des Staates (Fn. 3), S. 54.

terlaufen. Schmitt unterscheidet „1. Volk als nicht-formierbare, nicht-verfassungsgesetzliche Größe" von „2. Volk als verfassungsgesetzlich formierte und organisierte Größe"[25]. Das scheint der allgemeinen Unterteilung „des Volks" als einem prärechtlichen, gänzlich unbestimmten und unbestimmbaren Phänomen auf der einen Seite und dem rechtlich eingehegten Volksbegriff auf der anderen Seite zu entsprechen. „Das Volk" in der erstgenannten Bedeutungsvariante ist danach nicht einfach der letzte Grund des Rechts, sondern ein unbestimmbarer, in seiner etwaigen Bestimmtheit sich stets entziehender Grund – ein Abgrund. Eben diese Bestimmung der Unbestimmbarkeit hält Schmitt in dem einige Jahre zuvor erschienenen, zeitlich genau zwischen der Habilitationsschrift und der „Verfassungslehre" liegenden Buch „Die Diktatur" als Charakteristikum des Volkes ausdrücklich fest:

> „Das Volk, die Nation, die Urkraft alles staatlichen Wesens, konstituiert immer neue Organe. Aus dem unendlichen, unfaßbaren Abgrund ihrer Macht entstehen immer neue Formen, die sie jederzeit zerbrechen kann und in denen sich ihre Macht niemals definitiv abgrenzt."[26]

Eben deswegen kann das Wort „Volk" im strengen Sinn weder ein Rechtsbegriff noch überhaupt ein fest gefügter und dadurch – etwa im Rahmen einer Verfassungstheorie – verwendbarer Begriff sein. Das Wort „Volk" nennt nicht ein bestimmtes, abgrenzbares Phänomen, sondern eines, das als Herkunft seiner Macht in einen Abgrund verweist. Wenn Schmitt vom Volk als „Abgrund" schreibt, es konstituiere „niemals sich selbst, sondern immer nur einen Andern"[27], so ist die Aussage beim Wort zu nehmen und auf das Wort „Volk" zu übertragen. Auch dieses konstituiert weder sich selbst noch seinen Gegenstand als eine sicher anzunehmende Referenz. Es entzieht der Figur der Referenzialität ihren Grund, indem es auf der Differenz in der Referenz insistiert. Thomas Schestag hat diesen Zusammenhang in seiner Studie zur „Theorie des Namens bei Carl Schmitt" prägnant herausgearbeitet:

> „grund-und grenzenlos, aber Grund und Grenzen setzend; unkonstituiert und unkonstituierbar, aber Inbegriff – genau aus diesem unfaßbaren Grund – des *pouvoir constituant*; nennt das Wort *Volk*, wo es zum verfassunggebenden *Subjekt* umrissen und versammelt steht, nicht sich, sondern ein Anderes, kein anderes Volk, sondern anderes als *Volk*. Das Wort *Volk* nennt als Begriff nicht das begriffsbildende Volk, weil alle Begriffe *de populo*, mit einem andern

25 *Schmitt*, Verfassungslehre, 6. Aufl. 1983, S. 251.
26 *Schmitt*, Die Diktatur, 3. Aufl. 1963, S. 142.
27 *Schmitt*, Die Diktatur (Fn. 26), S. 143.

> Wort *vom Abgrund* zustandekommen, und in die Abgründigkeit ihres Zustandekommens verhakt bleiben."[28]

Die „Verfassungslehre" weicht vor dieser abgründigen Dimension des Volksbegriffs wieder etwas zurück. Sie ersetzt nicht nur die Rede vom „Abgrund" durch die vom „Urgrund alles politischen Geschehens"[29]. Sie unterläuft zugleich die These der absoluten Unbestimmbarkeit in der ersten Bedeutungsdimension des Wortes „Volk" dadurch, dass sie die Unbestimmbarkeit doch näher bestimmt. Schmitt nennt drei Unterkategorien, in die sich das „Volk als nicht-formierte, nicht-verfassungsgesetzliche Größe" aufteilen lasse:

> „a) Volk als Subjekt der verfassunggebenden Gewalt [...];
> b) Volk als Träger der öffentlichen Meinung und Subjekt von Akklamationen [..];
> c) Volk als diejenigen, die nicht regieren oder Behörden sind
> (in der Zusammensetzung ‚Volksbegehren' [...])."[30]

In allen drei Unterkategorien wird die Konzeption des Volks als Abgrund, das Formen nur schafft, um sie jederzeit wieder zerbrechen zu können, offenkundig ihrerseits zerbrochen, in eine domestizierte Form gebannt. Sowohl die doppelte Subjektfigur wie die Abgrenzung von Gubernative und Administrative benennen jeweils ein Phänomen, das selbst zu einer konkreten, konstituierten Gestalt geronnen ist. Das Volk kann offenbar nur in dem Maße als „Urkraft" wirken, in dem es sich mit den ontologischen Kategorien Wirklichkeit, Anwesenheit und Vorhandensein bestimmen lässt. Demgemäß heißt es zunächst:

> „Nach der Lehre von der verfassunggebenden Gewalt des Volkes steht das Volk als Träger der verfassunggebenden Gewalt außer und über jeder verfassungsgesetzlichen Normierung."[31]

Das ist das Volk in der Bedeutung 1a. Schmitt fährt fort:

> „Wenn ihm verfassungsgesetzlich gewisse Zuständigkeiten (Wahlen und Abstimmungen) übertragen werden" – also das Volk im Sinne der Bedeutung 2 formiert wird –, „ist damit seine politische Handlungsmöglichkeit und Bedeutung in einer Demokratie keineswegs erschöpft und erledigt."[32]

---

28 *Schestag*, Namen nehmen (Fn. 4), S. 552f.
29 *Schmitt*, Verfassungslehre (Fn. 25), S. 79. Vgl. zur Parallelisierung der beiden Textstellen bereits *Schestag*, Namen nehmen (Fn. 4), S. 552ff.
30 *Schmitt*, Verfassungslehre (Fn. 25), S. 251.
31 *Schmitt*, Verfassungslehre (Fn. 25), S. 242.
32 Ebd.

Über die hier genannte Bedeutung 2 hinaus gibt es also noch eine weitere Handlungsmöglichkeit, die dem Volk zukommt. Genau an dieser Stelle setzt die ontologische Begrifflichkeit an. In impliziter Abgrenzung von der eigenen früheren Perspektive auf den Einzelnen schreibt Schmitt mit der einschlägigen Terminologie nunmehr dem Volk eine offenbar hinreichend klar definierte, über den Bereich der bloß materiellen Körperlichkeit hinausreichende prärechtliche Existenz zu.

> „Neben allen solchen Normierungen bleibt das Volk als unmittelbar *anwesende* – nicht durch vorher umschriebene Normierungen, Geltungen und Fiktionen vermittelte – wirkliche Größe vorhanden."[33]

Das entspricht den auch im Übrigen in vielfältiger Gestalt in Schmitts Werk auffindbaren Unmittelbarkeitssehnsüchten, die jede Form von Vermittlung nur als Verdrehung, als Perversion des „Echten" oder „Wirklichen" verstehen. Von hier aus lassen sich entsprechend ausgreifend weitere Linien ziehen, die sämtlich darauf hinauslaufen, einem vorgeblich leeren, bloß „funktionalistischen" Denken einen „substanziellen" Ansatz gegenüberzustellen.[34] Den Fluchtpunkt der einschlägigen Erläuterungen bilden offenkundig nun doch wieder dem Bereich des Tatsächlichen entnommene Homogenitätskriterien, kulminierend in der behaupteten Notwendigkeit von „Artgleichheit" als Voraussetzung der „politischen Einheit". Mit dieser Behauptung lässt Schmitt seine im Jahr der „Machtergreifung" veröffentlichte Schrift über den Dreiklang „Staat – Bewegung – Volk" (die damit den früheren Dreiklang „Recht – Staat – Individuum" ersetzt) enden.[35] Die erklärte Absicht der kleinen Schrift ist es, die „echte Volksubstanz" zu thematisieren.[36] Dazu soll das Wort „Volk" über die Verknüpfung mit dem Führerprinzip mit dem homophonen Imperativ „Folg'!" kurzgeschlossen werden.[37] Das

---

33 Ebd.

34 Vgl. dazu bereits *Augsberg*, Die Lesbarkeit des Rechts. Texttheoretische Lektionen für eine postmoderne juristische Methodologie, 2009, S. 149 ff.

35 Vgl. *Schmitt*, Staat, Bewegung, Volk. Die Dreigliederung der politischen Einheit, 2. Aufl. 1933, S. 46: „Wir suchen eine Bindung, die zuverlässiger, lebendiger und tiefer ist als die trügerische Bindung an die verdrehbaren Buchstaben von tausend Gesetzesparagraphen. Wo anders könnte sie liegen als in uns selbst und unserer eigenen Art? Auch hier, angesichts des untrennbaren Zusammenhangs von Gesetzesbindung, Beamtentum und richterlicher Unabhängigkeit, münden alle Fragen und Antworten in dem Erfordernis einer Artgleichheit, ohne die ein totaler Führerstaat nicht einen Tag bestehen kann."

36 Vgl. *Schmitt*, Staat, Bewegung, Volk (Fn. 35), S. 32.

37 Vgl. zur Verbindung von „Volk" und „Gefolgschaft" *Schmitt*, Staat, Bewegung, Volk (Fn. 35), S. 35, 42. Zum – unentschiedenen – allgemeinen etymologischen Zusammenhang von „Volk" und

Problem der Begriffsbestimmung ist damit aber offenkundig nicht gelöst, sondern nur verlagert; es betrifft nun das zugrunde zu legende adäquate Verständnis von Führung. Nachdem Schmitt zunächst gewarnt hat, „wir" müssten uns „dagegen wehren, daß ein spezifisch deutscher und nationalsozialistischer Begriff durch die Assimilierung an fremde Kategorien getrübt und geschwächt wird"[38] – womit immerhin implizit konzediert ist, dass die Rekonstruktion eines „spezifisch deutschen Begriffs" die Verwendung von Ausdrücken wie „Assimilation" und „Kategorie" nicht von vorneherein ausschließt –, wechselt er im nächsten Absatz vom Problem des Begriffs zu dem der Metapher oder des „bildhaften Vergleichs", genauer, zu dem Zusammenhang als Übergang zwischen beiden Problemkomplexen. Schmitt nennt zunächst die Wortgeschichte des lateinischen *gubernator* als „ein gutes Beispiel dafür, wie ein bildhafter Vergleich zu einem juristisch-technischen Begriffe wird."[39] Dann jedoch erfolgt die entschiedene Absetzung auch von dieser bildhaften Sprache und von Sprache als Vermittlungsgeschehen überhaupt. Der „wesentlich deutsche Sinn" eines Wortes zeigt sich danach dort, wo Sprache nicht mehr vermittelt, sondern unmittelbare Präsenz hervorruft: dort, wo Sprache nicht deutet, sondern selbst führt. Unter der Hand wird damit Schmitts Sach- „sogleich" doch wieder zu einem Sprachphänomen:

> „Keines dieser Bilder trifft das, was unter politischer Führung im wesentlich deutschen Sinn des Wortes zu verstehen ist. Dieser Begriff von Führung stammt ganz aus dem konkreten, substanzhaften Denken der nationalsozialistischen Bewegung. Es ist bezeichnend, daß überhaupt jedes Bild versagt und jedes treffende Bild sogleich schon mehr als ein Bild oder Vergleich, sondern eben Führung in der Sache selbst ist. Unser Begriff ist eines vermittelnden Bildes oder eines repräsentierenden Vergleichs weder bedürftig noch fähig. [...] Er ist ein Begriff unmittelbarer Gegenwart und realer *Präsenz.*"[40]

Die auf diese Weise getroffenen, auf das Schlimmste vordeutenden Bestimmungen zur „unmittelbaren Anwesenheit" und „wirklichen Größe" bilden allerdings nicht das letzte Wort der „Verfassungslehre" zum Problem des Volks. Nur wenige Zeilen unter den zitierten Passagen finden sich, wenngleich buchstäblich nur im Kleingedruckten, in einem *petit* gesetzten gesonderten Absatz, einige weitere Aussagen, die auf erstaunliche Weise querstehen zu den genannten ontologischen Bestimmungsversuchen. Diese Aussagen benennen als das „Besondere"

„folgen" *Schwenck/Lünemann*, Etymologisches Wörterbuch der lateinischen Sprache, mit Vergleichung der griechischen und deutschen, 1827, S. 944.

38 *Schmitt*, Staat, Bewegung, Volk (Fn. 35), S. 41.

39 *Schmitt*, Staat, Bewegung, Volk (Fn. 35), S. 41 f.

40 *Schmitt*, Staat, Bewegung, Volk (Fn. 35), S. 42.

des Volkes, seine Partikularität, die auf paradoxe Weise gerade seine Universalität bedingt, nicht länger eine unmittelbare Anwesenheit und „wirkliche Größe". Sie verweisen vielmehr auf eine negative, zugleich in höchstem Maße durch die gesellschaftlichen Mechanismen vermittelte Dimension. Den neuen Aussagen zufolge ist das Volk dort am meisten Volk, wo es (noch) nicht vorhanden, als sozialer Faktor (noch) nicht präsent und wirksam ist. Auf der allerletzten Seite des Buchs, im Sachregister unter dem Stichwort „Volk", enthält Schmitts „Verfassungslehre" einen Eintrag, der eine denkwürdige Gleichung aufstellt: „V. = Proletariat"[41]. Bei der dafür als Referenz angegebenen Stelle im Haupttext handelt es sich um den genannten kleingedruckten Absatz. Er begründet die im Index statuierte Gleichung negativ, genauer, durch die besondere Beziehung des Volks wie des Proletariats zur Negativität. So sehr es in Schmitts Ausführungen zunächst um die wenig bemerkenswerte allgemeine Feststellung „*omnis determinatio est negatio*" zu gehen scheint, so sehr wird sogleich deutlich, dass es bei einer solch allgemeinen Bestimmung des Wesens aller Bestimmungen nicht sein Bewenden hat. In Frage steht eine „eigenartige Negativität", die das Volk eben dadurch auszeichnet, dass sie es in keiner Weise auszeichnet, oder noch genauer: dass sie es in einem emphatischen Sinn als *nicht* ausgezeichnet auszeichnet. Es sei, so Schmitt,

> „für den Begriff des Volkes [...] charakteristisch, daß er *negativ* bestimmt werden kann. Es würde nicht nur im Allgemeinen etwas soziologisch Wesentliches treffen, wenn man das Volk in solcher Weise negativ definierte (z. B. das Publikum in einem Theater als den Teil der Anwesenden, der *nicht* mitspielt), es läßt sich auch für die wissenschaftliche Behandlung politischer Theorien diese eigenartige Negativität nicht verkennen. Volk sind in einer besonderen Bedeutung dieses Wortes alle, die *nicht* ausgezeichnet und unterschieden sind, alle nicht Privilegierten, alle nicht durch Besitz, soziale Stellung oder Bildung herausgehobenen (so sagt noch Schopenhauer: ‚Wer kein Latein versteht, gehört zum Volke'). In der französischen Revolution des Jahres 1789 konnte sich das Bürgertum als dritter Stand mit der Nation identifizieren und war das *Bürgertum* das Volk, weil es der Gegensatz zur Aristokratie und zu den Privilegierten war. Sieyès stellte die berühmte Frage: Was ist der dritte Stand? und gab die Antwort, daß er die Nation sei; der dritte Stand ist Nichts und soll Alles werden. Aber sobald das Bürgertum selbst als eine durch Besitz und Bildung ausgezeichnete, den Staat beherrschende Klasse erschien, wanderte die Negation weiter. Jetzt wurde das *Proletariat* zum Volk, weil es zum Träger dieser Negativität wird: Es ist der Teil der Bevölkerung, der *nicht* besitzt, am produzierten Mehrwert nicht teilnimmt und in der bestehenden Ordnung keine Stelle findet. Gegenüber den besitzenden Klassen erscheint es daher in einem besonders intensiven Sinne als Volk"[42].

41 *Schmitt*, Verfassungslehre (Fn. 25), S. 404.
42 *Schmitt*, Verfassungslehre (Fn. 25), S. 242f.

Das Volk, so kann man die Beschreibung generalisieren, ist der Teil der Gesellschaft, der an der Gesellschaft keinen Anteil hat, jener Teil, der am sozialen Leben nicht teilnimmt. Das so verstandene Volk ist, in Entsprechung zu Kants Differenzierung zwischen dem bejahenden, dem verneinenden und dem unendlichen Urteil,[43] nicht einfach etwas Bestimmtes nicht. Es ist das „nicht" selbst, als ein ihm zugeschriebenes Prädikat, das zugleich ein Non-Attribut sein muss.[44] Das Volk „in einer besonderen Bedeutung dieses Wortes", das Volk „in einem besonders intensiven Sinne", ist Un-Volk.[45]

4

Ein derartiges Verständnis, das auf der entscheidenden Un-Bestimmtheit des Volksbegriffs insistiert, legt es nahe, das Konzept des „Volks" noch einmal näher von dem her in den Blick zu nehmen, was ausdrücklich nicht Volk sein soll, aber wiederum dieses „nicht" weder als positive Bestimmtheit noch im Sinne des einfachen verneinenden Urteils begreift, sondern von dem her versteht, was im hervorgehobenen Sinne zugleich Volk und Nicht-Volk, also Un-Volk heißen mag. Die Tradition hat für diesen in das Volk selbst eingetragenen Gegensatz zum Volk einen lateinischen Namen. Genauer gesagt handelt es sich um zwei deutsche und lateinische Namenspaare, die das „echte" vom „unechten" Volk – dem Un-Volk – abgrenzen sollen. Es geht dabei um eine Abgrenzung von Teil und Ganzem, bei der unentschieden bleibt, von welcher Seite aus die Abgrenzung primär erfolgt, vielmehr sowohl der Teil sich selbst vom Ganzen ausnimmt wie er von diesem ausgeschlossen wird. Das entsprechende Verständnis präsentiert Kant in seiner „Anthropologie in pragmatischer Absicht" unter der Überschrift „Der Charakter des Volkes" als eine landläufig vorauszusetzende Konzeption. Seinem bekannten Interesse am „Etymologisieren"[46] wie zum Trotz verknüpft er dabei die lateini-

43 Vgl. *Kant*, Kritik der reinen Vernunft, B 97.

44 Vgl. *Ruda*, Hegels Pöbel (Fn. 4), S. 137 Fn. 172, 252 f., jeweils mit Bezug auf *Žižek*, Die politische Suspension des Ethischen, 2005, S. 49.

45 Vgl. so ausdrücklich bereits *Schestag*, Namen nehmen (Fn. 4), S. 555: „nur solange es noch kein Volk bildet, sondern ungebildet, *Un*volk, wolkig bleibt, geht vom Volk die verfassunggebende Gewalt aus." Ähnlich auch *Agamben*, Stasis (Fn. 5), S. 66: „Das Volk ist also das vollständig Gegenwärtige, das als solches nie gegenwärtig sein kann und daher nur repräsentiert werden kann. Wenn wir in Anlehnung an das griechische Wort für Volk, *dēmos*, die Bezeichnung Ademie für die Abwesenheit eines Volkes verwenden, können wir festhalten, dass der Hobbes'sche Staat, dass überhaupt jeder Staat sich in einem Zustand ewiger Ademie befindet."

46 Vgl. dazu nur den Bericht bei *Hasse*, Lezte Aeusserungen Kant's von einem seiner Tischgenossen, 1804, S. 10 ff.

schen und deutschen Wörter auf eine Weise, die den naheliegenden – wenngleich vielleicht verwirrende Wirbel hervorrufenden – Assoziationen aufgrund von Klang und Wortherkunft offenbar zuwiderlaufen.[47] Wie um einige wirbelnde Assoziationen dennoch zuzulassen, verweist Kant in seiner lateinischen Definition des aufrührerischen Sich-Zusammenschließens einer Menschenmenge zugleich auf ein Wort, *turba*, das selbst (auch) „Verwirrung" heißen kann, außerdem in einer bemerkenswerten sprachlichen Nähe zu einem sich um sich selbst drehenden, rotierenden „Wirbelwind" (*turbo*) steht und in der Verbindung mit der gewählten Präposition, das Rotieren zum Rottieren erweiternd, erst recht etwas Beunruhigendes (*perturbans*) enthält.[48]

> „Unter dem Wort *Volk* (populus) versteht man die in einem Landstrich vereinigte *Menge* Menschen, in so fern sie ein *Ganzes* ausmacht. Diejenige Menge oder auch der Teil derselben, welcher sich durch gemeinschaftliche Abstammung für vereinigt zu einem bürgerlichen Ganzen erkennt, heißt *Nation* (gens); der Teil, der sich von diesen Gesetzen ausnimmt (die wilde Menge in diesem Volk), heißt *Pöbel* (vulgus), dessen gesetzwidrige Vereinigung das *Rottieren* (agere per turbas) ist; ein Verhalten, welches ihn von der Qualität eines Staatsbürgers ausschließt."[49]

Hegel übernimmt diese mit einer (Ab-)Wertung verknüpfte Abgrenzung von *vulgus* und *populus*.[50] Auch er spart damit andere, positivere Assoziationen aus, die gerade für den bekennenden Luther-Anhänger[51] nahe genug liegen könnten – heißt doch im Lateinischen die Kundmachung einer Botschaft, und sei es die eines heiligen Textes, der dergestalt von einem *vulgator* unters Volk gestreut, dem ganzen Volk zugänglich gemacht wird, *vulgatus*.[52] Was Kant aber nur knapp an-

---

47 Der etymologische Zusammenhang von Volk und *vulgus* wird allerdings als „unsicher" bezeichnet; vgl. entsprechend etwa *Kluge*, Etymologisches Wörterbuch der deutschen Sprache, 6. Aufl., 1899, S. 409. Ähnlich *Doederlein*, Handbuch der lateinischen Synonymik, 1840, S. 211, wo es unter dem Eintrag „vulgus" in Frageform heißt: „Davon Volk entlehnt?"

48 Vgl. zu *turba* und *turbo Doederlein*, Handbuch der lateinischen Synonymik (Fn. 47), S. 195.

49 *Kant*, Anthropologie in pragmatischer Absicht, B 295 f.

50 Vgl. *Hegel*, System der Philosophie. Dritter Teil. Die Philosophie des Geistes, in: Sämtliche Werke. Jubiläumsausgabe in zwanzig Bänden, *Glockner* (Hrsg.), Zehnter Band, 1929, § 544 (S. 421): „Das Aggregat der Privaten pflegt nämlich häufig das *Volk* genannt zu werden; als solches Aggregat ist es aber *vulgus*, nicht *populus*; und in dieser Beziehung ist der alleinige Zweck des Staates, daß ein Volk *nicht als solches Aggregat* zur Existenz, zur Gewalt und Handlung komme." Näher dazu *Ruda*, Hegels Pöbel (Fn. 4), S. 219 f.

51 Vgl. dazu näher *Ruda*, Hegels Pöbel (Fn. 4), S. 29.

52 Vgl. *Schwenck/Lünemann*, Etymologisches Wörterbuch der lateinischen Sprache (Fn. 37), S. 944. Zum Sprachgebrauch des Neuen Testaments instruktiv *Agamben*, Stasis (Fn. 5), S. 80: „Es ist bemerkenswert, dass sich die Menge, die sich um Jesus schart, in den Evangelien nie als politische Einheit – als Volk – darstellt, sondern stets als Masse oder Menge. Im Neuen Testament

spricht, die Vulgarisierung des Volks zum Pöbel, wird in einigen wenigen, berühmten Sätzen in Hegels Rechtsphilosophie näher entfaltet. An ihnen lässt sich explizieren, dass der Pöbel eine „wilde Menge" nicht nur deswegen bildet, weil sein Verhalten ungebändigt ist, sondern ebenso, weil er noch die Bindung, Zusammenfassung zu einer auf diese Weise vereinigten, als Einheit ansprechbaren Menge unterläuft. Hegel grenzt, im impliziten Anschluss an Kant, negativ ab, was das Wort „Volk" bedeuten kann:

> „*Die Vielen* als Einzelne, was man gerne unter Volk versteht, sind wohl ein Zusammen, aber nur als die *Menge* – eine formlose Masse, deren Bewegung und Tun eben damit nur elementarisch, vernunftlos, wild und fürchterlich wäre. Wie man in Beziehung auf Verfassung noch vom *Volke*, dieser unorganischen Gesamtheit, sprechen hört, so kann man schon zum voraus wissen, daß man nur Allgemeinheiten und schiefe Deklamationen zu erwarten hat."[53]

Diese Bestimmung entspricht zunächst offenbar einer parallelen Differenzierung bei Hobbes, der in „De cive" die *multitudo* vom *populus* abgegrenzt und auf die – selbst ausdrücklich als paradox bezeichnete – Formel zugespitzt hatte, dass in der Monarchie die Untertanen die Menge bildeten, der König dagegen das Volk sei (*rex est populus*).[54] Die Bestimmung erlaubt aber darüber hinaus noch einen weiteren Bezug. Kurz zuvor bereits hatte Hegel *die Vielen* ausdrücklich auch mit ihrem griechischen Namen benannt – *hoi polloi*. Vordergründig soll diese Rede nur die besondere Unbestimmtheit hervorheben, die *die Vielen* von *Allen* unterscheidet.[55] Das erklärt aber nicht den Mehrwert der Übersetzung, die zur Differenz *vulgus/populus* noch hinzutritt. In einem weiteren verwirrenden Wirbel von Assoziationen könnte die Wendung im griechischen Wortlaut dazu dienen, *polloi* mit *polos* und dadurch mit *turb(a/o)* zusammenzurücken. Näherliegend erscheint im Kontext von Hegels Ausführungen jedoch ihre Verwendung als philosophiehistorische Reminiszenz. Sie verortet die begriffliche Festlegung auf *die Vielen* nicht

---

finden wir drei Begriffe für ‚Volk': *plēthos*, lat. *multitudo*, 31 Mal; *ochlos*, lat. *turba*, 131 Mal; *laos*, lat. *plebs*, 142 Mal [...]. In dieser Reihe fehlt der Begriff mit einem eigentlichen politischen Wert, *dēmos* (*populus*), ganz so, als ob das messianische Ereignis das Volk immer schon in eine *multitudo* oder eine formlose Masse verwandelte."

53 *Hegel*, Grundlinien der Philosophie des Rechts (ed. Hoffmeister, 4. Aufl. 1955), § 303.

54 Vgl. *Hobbes*, Vom Bürger, in: *ders.*, Vom Menschen/Vom Bürger, *Gawlick* (Hrsg.), 1959, Kap. 12, 8, S. 199. Dazu auch *Agamben*, Stasis (Fn. 5), S. 56 f.

55 *Hegel*, Grundlinien der Philosophie des Rechts (Fn. 53), § 301, Anm.: „Der Ausdruck *die Vielen* (*οἱ πολλοί*) bezeichnet die empirische Allgemeinheit richtiger als das gang und gäbe: *Alle*. Denn wenn man sagen wird, daß es sich von selbst verstehe, daß unter diesen *Allen* zunächst wenigstens die Kinder, Weiber u. s. f. nicht gemeint seien, so versteht es sich hiermit noch mehr von selbst, daß man den ganz bestimmten Ausdruck *Alle* nicht gebrauchen sollte, wo es sich um noch etwas ganz Unbestimmtes handelt."

nur in einem allgemeinen Problemfeld, das ebenso gut mit anderen Mitteln, etwa der Mengentheorie oder Quantorenlogik, zu bearbeiten wäre, sondern versieht sie zugleich mit einer spezifischen, pejorativen Konnotation. *Hoi polloi* assoziiert ein Verständnis der Vielen, das diese wegen ihres Eigensinns dem Gemeinsamen gegenüber- und aufgrund ihrer selbstzufriedenen Arbeitsscheu sogar dem Vieh gleichstellt.[56] Anders als die Schmitt'schen Akklamationen, die eine gewisse harmonische Einstimmigkeit zum Ausdruck bringen sollten, bringt die *vox populi* nach Hegel nur Misstöne zustande. Sie verweist auf eine Unbestimmtheit, die der dialektische Prozess erst noch aufzulösen bestimmt ist. Das vulgäre Volksverständnis – das, was die im Kollektivsingular „man" angesprochene Menge darunter versteht (und nur am Rande sei daran erinnert, dass Heidegger jene spezifische Verfallsbewegung, die das uneigentliche Verstehen des Man ausmachen soll, als „*Wirbel*" charakterisieren wird[57]) – zeigt sich als eine Formlosigkeit, die nicht als solche bestehen bleiben kann, sondern ihrer gebotenen Formung harrt. Immerhin stimmen beide Beschreibungen darin überein, dass sie zugleich mit der Betonung der Unbestimmtheit auf das Moment der Sprache, und zwar noch genauer genommen auf die Sprache als Klage, verweisen. Auf den ersten Blick scheint es dabei ausdrücklich nicht um die Klage als Anklage zu gehen, also um das klagende Sprechen als *accusare* oder *kategoresthai*. Im Zentrum des Interesses steht vielmehr offenbar sowohl bei Schmitt wie bei Hegel die Klage als *clamare*, als *vox clamans/clamantis in deserto*, das heißt als Zeichen eines Verlusts, einer Entbehrung.[58] Auf den zweiten Blick wird aber ein bestimmtes anklagendes Moment zumindest der Akklamation deutlich. Im strengen Sinne „einmütig" und damit „echt" erscheint die Akklamation nur dort, wo sie ein begangenes Unrecht beklagt.[59]

Bemerkenswerterweise demonstrieren Hegels eigene Analysen, wie vor allem die brillante Studie von Frank Ruda über „Hegels Pöbel" minutiös herausgearbeitet hat,[60] aber zugleich noch etwas anderes. *Nolens volens* verweisen die Er-

---

56 Vgl. *Heraklit*, Fragmente 2 und 29, in: *Diels/Kranz* (Hrsg.), Die Fragmente der Vorsokratiker. Griechisch und Deutsch. Erster Band, 6. Aufl., 1951 (Nachdruck 1996), S. 151 u. 157.

57 Vgl. *Heidegger*, Sein und Zeit, 17. Aufl. 1993, S. 178.

58 Vgl. dazu näher, mit Bezug auf Johannes den Täufer, *Schestag*, Namen nehmen (Fn. 4), S. 554 f. Zum Zusammenhang von Sprache und Klage auch *Hamacher*, Bemerkungen zur Klage, in: *Ferber/Schwebel* (Hrsg.), Lament in Jewish Thought. Philosophical, Theological, and Literary Perspectives, 2014, S. 89 ff.

59 Vgl. *Schmitt*, Verfassungslehre (Fn. 25), S. 250: „Nur gelegentlich – besonders gegen offenbares Unrecht und unter dem Eindruck politischer Korruption – kommt es zu einmütigen Äußerungen des Volkswillens, die als solche nicht zu verkennen sind und den Charakter einer echten Akklamation haben."

60 Vgl. *Ruda*, Hegels Pöbel (Fn. 4).

läuterungen der „Grundlinien der Philosophie des Rechts" auf eine Logik, die quersteht zur Logik von Hegels „Logik", weil sie eine in der dialektischen Bewegung unauflösbare Unbestimmtheit indizieren. Sie zeigen, wie innerhalb der bürgerlichen Gesellschaft eine gewisse „unorganische Gesamtheit" notwendig hervorgebracht wird, die von dieser Gesellschaft selbst, nach ihrer eigenen Logik, nicht überwunden werden kann. Eben dafür steht der Name „Pöbel", dessen Ansicht Hegel an anderer Stelle, wie ein ungenannt bleibendes Vorbild für Schmitts Erklärungen zum Un-Volk, mit dem „Standpunkte des Negativen überhaupt"[61] gleichsetzt. Auch hier ist, wie zuvor bei Kant, von einer „Masse" die Rede. Diese Masse ist nun aber nicht nur deswegen formlos, weil sie sich von einer bestehenden Form lossagt oder dieser verlustig geht. Die Masse bleibt notwendig formlos. Masse und Maß engführend, genauer, eine gewisse Maßlosigkeit als Maßstab dieser spezifischen Masse benennend, heißt es:

> „Das Herabsinken einer großen Masse unter das Maß einer gewissen Subsistenzweise, die sich von selbst als die für ein Mitglied der Gesellschaft notwendige reguliert, – und damit zum Verluste des Gefühls des Rechts, der Rechtlichkeit und der Ehre, durch eigene Tätigkeit und Arbeit zu bestehen, – bringt die Erzeugung des *Pöbels* hervor"[62].

Die Verarmung dieser Masse ist unausweichlich, weil, wie Hegel im direkt darauffolgenden Paragraphen festhält, bei allem „*Übermaße des Reichtums*" gleichwohl „die bürgerliche Gesellschaft *nicht reich genug ist*, d. h. an dem ihr eigentümlichen Vermögen nicht genug besitzt, dem Übermaße der Armut und der Erzeugung des Pöbels zu steuern."[63] Damit verknüpft er nicht nur erneut eine bestimmte Maßlosigkeit mit dem Schicksal der formlosen Masse. Entscheidend ist vielmehr die ineinander verflochtene, sich wechselseitig bedingende Doppelgestalt der Maßlosigkeit. Das eine Übermaß kann das andere so wenig unterbinden, dass es dieses nur immer weiter hervorruft.[64] Schlimmer noch: Alle Versuche, die einmal eingetretene Armut zu beseitigen, müssen innerhalb der bürgerlichen Gesellschaft scheitern.[65] Insbesondere die Möglichkeit einer öffentlichen Ar-

---

61 *Hegel*, Grundlinien der Philosophie des Rechts (Fn. 53), § 301, Anm.

62 *Hegel*, Grundlinien der Philosophie des Rechts (Fn. 53), § 244.

63 *Hegel*, Grundlinien der Philosophie des Rechts (Fn. 53), § 245.

64 Vgl. dazu noch deutlicher *Hegel*, Philosophie des Rechts. Die Vorlesung von 1819/20 in einer Nachschrift. *Henrich* (Hrsg.), 1983, S. 193: „Die Entstehung der Armut ist überhaupt eine Folge der bürgerlichen Gesellschaft, und sie ergibt sich im ganzen notwendig aus derselben. Es häuft sich so Reichtum ohne Maß und Grenze an der einen und Not und Elend an der anderen Seite. Die Vermehrung des Reichtums und der Armut hält gleichen Schritt."

65 Vgl. genauer zu den sieben unterschiedlichen Möglichkeiten, die Hegel selbst diskutiert – „1. die Versorgung der Armen durch die bürgerliche Gesellschaft selbst, 2. die Bettelei, 3. das Not-

menfürsorge bricht sich an dem Prinzip der tätigen Subsistenzsicherung, das es untersagt, denjenigen, die für ihre eigene Subsistenzsicherung sorgen, also arbeiten, etwas zu nehmen, um es den anderen, die nicht arbeiten, zu geben. Die bürgerliche Gesellschaft könnte die in ihr entstehende Armut auf diese Weise nur um den Preis der Selbstaufgabe ihres eigenen Grundprinzips bekämpfen. Sie müsste demnach mit der Armut zugleich sich selbst beseitigen. Weil ihr Prinzip aber auch die Möglichkeit der Subsistenzsicherung aller Bürger vorsieht, kann sie die Armut ebenso wenig einfach hinnehmen. In der Armut zeigt sich dergestalt ein Selbstwiderspruch der bürgerlichen Gesellschaft, den sie mit ihren eigenen Mitteln nicht aufheben kann.[66]

Die Verarmung ist demzufolge die innerhalb der Logik der bürgerlichen Gesellschaft im doppelten Sinne notwendige, nämlich zwangsläufig eintretende und nicht mehr zu beseitigende, *conditio sine qua non* für die Emergenz des Pöbels. Die Armut der großen Masse ist aber als solche noch keine hinreichende Bedingung für jene Entstehung. Hinzukommen muss eine spezifische Gesinnung der Armen, in Gestalt der Empörung über die eigene Situation.[67] Dort, wo diese Empörung hervortritt, zeigt sie sich in einer Variante des *clamare:* als *claim*, dass der Zwiespalt von innerem Anspruch und äußerem Dasein behoben werde.

> „Der Arme fühlt sich von allem ausgeschlossen und verhöhnt, und es entsteht notwendig eine innere Empörung. Er hat das Bewußtsein seiner als eines Unendlichen, Freien, und damit entsteht die Forderung, daß das äußere Dasein diesem Bewußtsein entspreche."[68]

Die Empörung bewirkt jedoch ebenfalls keine Aufhebung der empörenden Situation in ein höheres Drittes. Sie ist nichts anderes als die Insistenz auf dem eigentlich unhaltbaren, unmöglichen Status. Der Pöbel als Empörung ist eine Negation jener Negation, die den Namen „Armut" trägt, allerdings eine Negation der Negation, die nicht in Position umschlägt, sondern eine „eigentümliche Positivität der Negativität"[69] aufscheinen lässt. Am Pöbel zeigt sich damit *„ein anderer Begriff der Unbestimmtheit*, der sich nicht mehr in der Form der Negation einer Bestimmung, eines Bestimmten, verstehen lässt."[70] Die so verstandene Emergenz des Pöbels ist so unausweichlich, dass sie immer schon der gesamten

---

recht, 4. die Kolonisation, 5. die öffentliche Arbeit, 6. die Korporation und die mit ihr verbundene Ethik (des verantwortungsvollen Konsums), 7. die Polizei und mit ihr verbunden die Religion (in der Form karitativer Einrichtungen)" – *Ruda*, Hegels Pöbel (Fn. 4), S. 37 ff.

66 Vgl. dazu näher *Ruda*, Hegels Pöbel (Fn. 4), S. 37 f.

67 Vgl. *Hegel*, Grundlinien der Philosophie des Rechts (Fn. 53), § 241.

68 *Hegel*, Philosophie des Rechts (Fn. 64), S. 195.

69 *Ruda*, Hegels Pöbel (Fn. 4), S. 141.

70 Ebd.

bürgerlichen Gesellschaft zugrunde liegt. Aber sie liegt ihr zugrunde nicht als eine formierende oder konstituierende, das heißt transzendentale Bedingung der Möglichkeit. Sie liegt ihr zugrunde als eine – *sit venia verbo* – a-formierende, a-transzendentale Bedingung der Unmöglichkeit von Gesellschaft und Staat: als gänzlich unbestimmte, unformierte, bloße Materie des Sittlichen.[71] Genauer gesprochen handelt es sich damit bei der Entstehung des Pöbels nicht, wie die Rede von dem „Herabsinken“ in die Armut als Prozessbegriff noch nahelegen könnte, um ein Privationsgeschehen, bei dem ein ursprünglich einmal gegebener Besitzzustand sukzessive verloren geht. Die charakteristische -losigkeit, um die es (bei) dem Pöbel vorwiegend geht – als Vermögens-, Arbeits-, Rechts-, Maß-, Ehrlosigkeit etc. – bezeichnet einen Verlust, dem kein Besitz vorangeht und der deswegen auch durch keine *restitutio ad integrum* wiedergutgemacht werden kann. Hegels Pöbel ist der Abgrund des Sittlichen.

Pöbel, *vulgus*, ist damit der Name für ein Verständnis, das dem Begriff des Volks als Un-Volk genau entspricht.[72] Es ist eben deswegen, als Name für den „Standpunkte des Negativen überhaupt“, ein Name, der auf keinen bestimmten, bestimmbaren Namensträger mehr verweist. Es ist der Name von Nichts, nichts als Name: Name des Namens.[73] Mit den Worten Rudas:

> „Der Pöbel ist die absolute Negation aller Bestimmungen und insofern ist der Name ‚Pöbel‘ ein Name der absoluten Negation, ein Name des Nichts. [...] Die eigentümliche Materie des sittlichen Raumes, die der Pöbel ist, ist damit nichts als ein Name, oder anders: ein Name von Nichts.“[74]

---

71 Vgl. *Ruda*, Hegels Pöbel (Fn. 4), S. 145 ff. Zur Figur einer A-Transzendentalität näher *Hamacher*, „To leave the word to someone else“, in: Wolfreys (Hrsg.), Thinking Difference. Critics in Conversation, 2004, S. 165 ff. (176).

72 Nähere Bezüge ließen sich ferner zum einen zu Rancières Konzept des „Anteils der Anteillosen“ (vgl. *Rancière*, Das Unvernehmen. Politik und Philosophie, 2002; dazu bereits *Žižek*, Die Politik der Negativität. Vorwort, in: *Ruda*, Hegels Pöbel [Fn. 4], S. 9 ff. [13]) sowie zum anderen zu dem von Foucault entwickelten Konzept des „Plebejischen“ darlegen (vgl. etwa *Foucault*, Mächte und Strategien, in: *ders.*, Dits et Ecrits. Schriften, Bd. III. 1976 – 1979, 2003, S. 538 ff. [542]; dazu näher *Brossat*, Plebs invicta, Berlin 2012). Letzteres könnte dann zugleich einmal mehr zeigen, inwiefern Foucaults Losung „Gar nicht mehr Hegelianer sein!“ (vgl. dazu wiederum *Brossat*, Plebs invicta, a. a. O., S. 58 f.) von den Hegelschen Texten unterlaufen wird.

73 Vgl. dazu auch *Schestag*, Namen nehmen (Fn. 4), S. 561 f.: „jeder beliebige Name, der im Namen eines beliebigen anderen Namens gegeben wird, [...] trägt am Anspruch, im Namen keines anderen Namens, sondern im Namen *des* Namens gegeben worden zu sein.“

74 *Ruda*, Hegels Pöbel (Fn. 4), S. 238 f.

5

Jedes Sprechen „im Namen von" bleibt nach all dem nicht nur deswegen prekär, weil es als Vertretung ohne Vertretungsmacht erfolgen kann. Gravierender erscheint, dass nicht erst der juristisch festgestellte Begriff, sondern bereits der notorisch unbestimmte Name fiktiv sein kann, sogar fiktiv sein muss. Kein Name kann als bloße Gegebenheit einfach über- und aufgenommen werden. In dem Maße, in dem er sich auf keinen „realen", selbst namentlich bekannten Namensgeber als Garanten verlassen kann, muss er stets ausdrücklich angenommen werden.

Auch dieser Aspekt des Namens und die mit jeder Annahme eines Namens verknüpften besonderen Gefahren lassen sich an Schmitts Frühschrift ablesen, die sich mit dem Staat und der Bedeutung des Einzelnen beschäftigt. Das kleine Buch ist seiner späteren Gattin „zugeeignet", deren Namen Schmitt nach der Hochzeit eine Zeitlang dem eigenen anhängte: „Pabla v. Dorotič". Diese Zueignung ist nicht nur deswegen interessant, weil die Namenskombination wie ein Wortspiel erscheint, in dem der Vorname, der klingt wie eine miteinander verschnittene spanische und italienische Aufforderung zu sprechen, das heißt den Namen zu nennen, den Nachnamen noch einmal gesondert hervorhebt. Die Zueignung ist im gegebenen Kontext vor allem deshalb interessant, weil der genannte Name – zumindest zum Teil – falsch ist. Die Dame, die Schmitt als angeblich „spanische Tänzerin" kennenlernte und die seine erste Frau werden sollte, war nicht, wie sie erzählte, die Tochter des adeligen kroatischen Gutsbesitzers Johann Franz von Dorotić. Sie war, wie Schmitt erst im Rahmen des Scheidungsverfahrens erfahren sollte, die uneheliche Tochter der in Wien lebenden Augusta Maria Franziska Schachner, die später einen aus Zagreb stammenden Spenglergehilfen namens Johann Dorotić heiratete.[75] Welch' bessere Patin für die Frage nach der notwendigen Unbestimmtheit jedes Sprechens „im Namen von" könnte es geben?

75 Vgl. näher dazu *Mehring*, Carl Schmitt (Fn. 8), S. 57.

Benno Zabel

Das Volk oder die totemistische Maske der Demokratie.

Über den Zusammengang von Rechtsform und politischer Urteilskraft

1 Das Volk, der unbequeme Souverän

1.1 Demokratie und Ideologie

Betrachtet man die aktuelle Debatte, ob in der Wissenschaft, im Feuilleton oder auf der Straße, dann ist das Volk vor allem eines: ein Rätsel. Es wird, so scheint es jedenfalls, allmählich zur Chiffre für ein gesellschaftliches Unbehagen, für einen Wandel der öffentlichen und politischen Kultur, den kontroversen Umgang mit kollektiven Identitäten usw. Aber was hat dieses Volk mit einer totemistischen Maske und das Ganze mit der modernen Demokratie zu tun? Reichlich wenig, könnte man meinen, selbst wenn man die Rätselhaftigkeit oder auch nur das Unerklärliche konzediert. Aufgerufen wurde die Metapher von dem Weimarer Staatsrechtler und Demokratietheoretiker Hans Kelsen. In seiner Abhandlung über die *Demokratie* von 1926 beschreibt er das „Souveränitäts- und Herrschaftsproblem" liberaler Ordnungen ebenso scharfsinnig wie leichthändig ironisch. Dort heißt es:

> „Und so wie im primitiven Zustand des Totemismus die Clangenossen sich bei gewissen orgiastischen Festen die Maske des heiligen Totemtiers, das ist der Urvater des Clans, vornehmen, um für kurze Zeit, selbst den Vater spielend, alle Bande sozialer Ordnung abzustreifen, so bekleidet sich das normunterworfene Volk in der demokratischen Ideologie mit dem Charakter unveräußerlicher, nur der Funktion nach übertragbarer und auf die Gewählten immer wieder neu zu übertragender Autorität. Auch die Lehre von der Volkssouveränität ist – wenn auch sehr verfeinert und vergeistigt – eine totemistische Maske."[1]

Kelsen greift hier zwar auch auf gängige Deutungsangebote der Völkerpsychologie und Ethologie zurück, man denke nur an die Arbeiten Wilhelm Wundts. Erheblichen Einfluss auf die Problemanalyse hatte aber vor allem die psychoanalytische Semantik Sigmund Freuds, so wie sie in *Totem und Tabu* konzipiert

1 *Kelsen*, Demokratie, in: *Jestaedt/Lepsius* (Hrsg.), Verteidigung der Demokratie, 2006, S. 115 (134).

https://doi.org/10.1515/9783110599510-004

wurde.[2] Darauf werden wir noch genauer eingehen. Worauf wir uns zunächst konzentrieren wollen, ist das Erkenntnisinteresse und der damit verbundene Gegenwartsbezug. Denn was wir an der zitierten Passage beobachten können, ist, dass sich Kelsen dezidiert gegen eine eindimensionale, in diesem Fall demokratieideologische Interpretation von Volk und Volkssouveränität wendet. Insofern versteht Kelsen unter demokratischer Ideologie ein allzu selbstgenügsames, womöglich sogar realitätsfremdes Paradigma moderner Freiheits- und Herrschaftsbegründung. Mit anderen Worten, die Rede von Volk und Volkssouveränität, von Freiheit und Herrschaft steht immer in der Gefahr, die eigentliche demokratische Funktion, die daran geknüpften Praktiken und delegitimierenden Effekte zu verschleiern. Gerade deshalb sind sie aufklärungsbedürftige Begriffe. Spätestens mit dieser „Kelsen-These" befinden wir uns aber im Zentrum der gegenwärtigen Volks- und Volkssouveränitätsdebatte.[3] In dieser Debatte bündeln sich eine Reihe von Entwicklungen, Erfahrungen und Diagnosen, die häufig unter dem Titel der Krise und des Niedergangs demokratischer Ordnungen zusammengefasst werden; benannt etwa als Krise der Repräsentation, Krise der Meinungsbildung, der Institutionen usw.[4]

Nun sind Krisen- und Verfallserzählungen normativ schon erheblich aufgeladen. Gleiches gilt auf der anderen Seite für die Verteidigung wahrer oder wirklicher Demokratien. Das Problemfeld und die Problemtiefe bekommen wir womöglich besser in den Blick, wenn wir – vorerst – an eine analytische Kategorie anknüpfen, nämlich der *Entmythologisierung* demokratischer Kultur (was den Rückgriff auf normative oder kritische Ansätze wie wir sehen werden nicht ausschließen soll). Entmythologisierung der Demokratie verweist auf eine Form der Selbstreflexion etablierter Denk-, Sprach- und Ordnungsmuster. Begriffe und Praktiken sind nichts ein für alle Mal Feststehendes, schon gar nichts Selbstverständliches. Es bietet sich deshalb an, von einem Struktur- und Funktionswandel liberaler Demokratien zu sprechen, der theoretisch erfasst und mit einer adäquaten Semantik kombiniert werden muss.[5]

---

2 *Freud*, Totem und Tabu, in: *ders.*, Gesammelte Werke. Chronologisch geordnet, Bd. 9, 7. Aufl. 1986.

3 *Badiou u. a.*, Was ist ein Volk?, 2017; Böckenförde, Staat, Verfassung, Demokratie. Studien zur Verfassungstheorie und zum Verfassungsrecht,1991; *Colliot-Thélène*, Demokratie ohne Volk, 2011; *Maus*, Über Volkssouveränität. Elemente einer Demokratietheorie, 2011.

4 *Crouch*, Postdemokratie, 2008; *Vorländer*, Krise, Kritik und Szenarien. Zur Lage der Demokratie, Zeitschrift für Politikwissenschaft, 23. Jahrgang, 2013, S. 267.

5 *Agamben*, Demokratie? Eine Debatte, 2012; *Manin*, Kritik der repräsentativen Demokratie, 2007; *Möllers*, Legitimationschancen unserer Demokratie, in: Zeitschrift für Politikwissenschaft, 23. Jahrgang, 2013, S. 279; *Rosanvallon*, Die Gegen-Demokratie. Politik im Zeitalter des Misstrauens, 2017, S. 9.

Die gegenwärtige Kontroverse um die Funktion von Volk und Volkssouveränität beruht im Wesentlichen auf zwei entgegengesetzten Standpunkten. Während die eine Volk und Volkssouveränität vornehmlich aus der Perspektive des (geltenden) *Rechts* oder der Idee der Verrechtlichung diskutiert, geht es der anderen darum, die *politische* Seite dieser Begriffe, jedenfalls aber die immanente politische Dynamik hervorzuheben. Diese Unterscheidung ist zugegebenermaßen etwas holzschnittartig. Viele Positionen artikulieren die bezeichneten Standpunkte nicht in Reinform, es gibt Überschneidung, Hybride usw. (und es gibt auch Positionen, die die Begriffe auf der Grundlage ihrer epistemischen Voraussetzungen gänzlich ablehnen). Dennoch können die jeweiligen Stoßrichtungen als idealtypische genommen werden. Wird doch in der Regel das eine oder das andere Strukturprinzip in Anspruch genommen. Wir werden sie im Folgenden unter den Titeln: *Souveränitätsnarrative* und *Das rebellierende Volk* diskutieren.

1.2 Souveränitätsnarrative

Das Souveränitätsparadigma, zumal in Gestalt der Volkssouveränität, gibt Auskunft über das Legitimationsverständnis der Moderne.[6] Das ist wenig überraschend. Interessanter ist aber schon, *wie* diesem Legitimationsverständnis Ausdruck verliehen werden soll. Fest steht: Souveränität bezeichnet spätestens mit den bürgerlichen Revolutionen in Nordamerika und Frankreich und den so entstehenden Gesellschaften ein Prinzip *selbstreferentieller* Herrschaftsausübung und Herrschaftskontrolle. Politische Herrschaftsgewalt, also Herrschaft von Menschen über Menschen, sei danach nicht einfach vorgegeben und hinzunehmen. Vielmehr bedürfe sie einer rechtfertigenden Legitimation. Diese Legitimation könne aber nur vom Volk selbst und nicht von einer Instanz außerhalb des Volkes ausgehen, „Die Ordnung des Zusammenlebens in einem Volk", so formuliert es der Jurist Ernst-Wolfgang Böckenförde, „muß auf die Anerkennung derer zurückgeführt werden können, die unter ihr leben; sie hat Ausdruck der Freiheit und Selbstbestimmung des Volkes zu sein."[7]

Diese selbstreferentielle Deutung politischer Herrschaftsgewalt wird bis heute unterschiedlich codiert. Wir können hier von einem *Locke-Narrativ* und einer *Rousseau-Kant-Linie* sprechen, um die Gründungserzählungen der Moderne

---

6 *Grimm*, Souveränität. Herkunft und Zukunft eines Schlüsselbegriffs, 2010, S. 35; *Loick*, Kritik der Souveränität, 2012, S. 96; *Maus*, Über Volkssouveränität (Fn. 3), S. 22; *Vogl*, Souveränitätseffekt, 2015.

7 *Böckenförde*, Demokratie als Verfassungsprinzip, in: *Isensee/Kirchhof* (Hrsg.), Handbuch des Staatsrechts, Bd. 2, 3. Aufl. 2004, § 24 Rn. 3.

zu verdeutlichen. So wird John Lockes Idee eines auf natürlichen Rechten aufruhenden Gesellschaftsmodells in der Emanzipationsbewegung der nordamerikanischen Kolonien zum tragenden Argument für eine Projektierung von Volkssouveränität („We the People of the United States"), die nicht nur herrschaftsermöglichend, sondern ebenso herrschaftsbegrenzend wirkt. In der Folgezeit verdichtet sie sich zu einem Narrativ, das für den politischen Liberalismus bis hin zu John Rawls leitend bleibt. Demgegenüber markiert die Rousseau-Kant-Linie ein Verständnis von Souveränität, das Selbstbestimmung und Herrschaft auf der Basis eines Gemeinwillens, einer Gesetzgebung aus Vernunft, garantieren soll.[8] Die *volonté générale* übernimmt jene Freiheit und Souveränität, die im Naturzustand dem Einzelnen oder einer wie auch immer gedachten Assoziation von Privatsubjekten zukamen. Individuelle Freiheit ist nur als Teilhabe an einem kollektiv verantworteten Gemeinwesen wirklich. In der Sache geht es um den auch bei Jürgen Habermas zu beobachtenden Versuch, die politische Differenz zwischen regierter und regierender Bürgerschaft, zwischen passiver Bevölkerung und aktivem Volk in einem fulminanten Akt der *Selbsttranszendenz des Willens* zu überwinden.[9] Bei allen Differenzen in der Modellierung der Volkssouveränität, ist es diese Selbsttranszendenz des Willens, die beide Gründungserzählungen miteinander verbindet. Für uns allerdings ist ein anderer Punkt entscheidender: Volkssouveränität, das wird bei Rousseau und Kant genauso deutlich wie in den Menschenrechts- und Unabhängigkeitserklärungen, etabliert sich nicht irgendwie im sozialen Raum, ist nicht irgendeine politische Kraft; Volkssouveränität ist *verfasste*, normativ und institutionell eingebettete Souveränität.

Dass Herrschaftsgewalt in einer Verfassung gebunden sein sollte, ist für sich genommen keine neue Einsicht und war es auch in der postrevolutionären Epoche des 18. und frühen 19. Jahrhunderts nicht. Die besondere Bedeutung einer Verfassung für die Epoche der Volkssouveränität wird aber an einer doppelten Zwecksetzung erkennbar. Zum einen hatte die Verfassung den Übergang der Revolution in etwas ihr Entgegengesetztes, in eine geordnete Gesellschaft zu er-

---

8 Die Besonderheiten vor allem der deutschen Freiheitstradition und -rezeption (von Luther über Pufendorf bis hin zur Kritischen Theorie Adornos), die auch das rechtsphilosophische Staats- und Gesellschaftsdenken maßgeblich beeinflusst haben, sind mit dem Verweis auf Kant nur unzureichend abgebildet. Hier kann es nur um die „großen Linien" gehen, die für das Verständnis moderner Konzeptionen von Volk- und Volkssouveränität maßgeblich sind. Eine konzise Analyse findet sich immer noch bei *Maier*, Die Deutschen und ihre Geschichte, Gesammelte Schriften, Bd. 5, 2010, S. 34.

9 *Habermas*, Faktizität und Geltung. Beiträge zur Diskurstheorie des Rechts und des demokratischen Rechtsstaats, 1992, S. 109 (166).

möglichen. Die Idee der Gleichheit und der verbrieften Bürgerrechte musste mit den realen Lebensverhältnissen und praktischen Erfordernissen einer republikanischen Regierung des Volkes in Einklang gebracht werden.[10] Welche Dynamiken das erzeugte, wissen wir heute zu Genüge.[11] Postrevolutionäre Verfassungen sind keine Heilsversprechen, sie sind erkämpft, nicht gegeben. Zugleich stabilisieren Verfassungen soziale Räume und eröffnen Verwirklichungschancen für diverse Interessen, die genutzt werden können oder auch nicht. Napoléon hat das frühzeitig erkannt. In einer Rede vor der Assemblée Nationale im Jahre 1799 konstatiert er nüchtern:

> „Wir haben den Roman der Revolution beendet. Wir müssen mit ihrer Historie beginnen unser Augenmerk nur auf das richten, was bei der Anwendung unserer Prinzipien real und möglich ist, und nicht auf das Spekulative und Hypothetische. Heute einen anderen Weg einzuschlagen hieße zu philosophieren und nicht zu regieren.“[12]

Verfassungen sollen das Regieren aber nicht nur ermöglichen; sie sollen es auf Dauer stellen. Die zweite, vielleicht zentrale Zwecksetzung macht auf eine Grundspannung aufmerksam, die *jeder* Verfassung eingeschrieben ist: das Wechselverhältnis von Politik und Recht. Dementsprechend wird auch der Charakter volkssouveräner Verfassungen bestimmt. Verfassungen, so die gängige Auffassung, begründen höherrangige Ordnungen, die Recht und Politik aufeinander beziehen. Moderne Verfassungen reagieren auf das Differenzierungsbedürfnis der Moderne, d. h. auf die Entflechtung politischer, rechtlicher, ökonomischer Infrastrukturen und die damit notwendig gewordene Neuordnung der Bereiche und Einflussmöglichkeiten.[13] Sie sind insofern höherrangige Ordnungen *eigenen Rechts*. Nur dieses Recht – diese Rechtsform – setzt Verfassungen in den Stand, Herrschaftsbegründung und Herrschaftsausübung effektiv zu moderieren.[14] Die zentrale Legitimationsformel ist in Artikel 20 Abs. 2 des deutschen

---

10 *Habermas*, Naturrecht und Revolution, in: Theorie und Praxis. Sozialphilosophische Studien, 1971, S. 89.

11 *Wahnich*, Freiheit oder Tod. Über Terror und Terrorismus, 2016, S. 37.

12 *Napoléon Bonaparte*, Pensées politiques et sociale, 1969, S. 23.

13 *Luhmann*, Verfassung als evolutionäre Eigenschaft, in: Rechtshistorisches Journal 9, 1990, S. 176; *Maus*, Verfassung oder Vertrag. Zur Verrechtlichung globaler Politik, in: *Niesen/Herborth* (Hrsg.), Anarchie der kommunikativen Freiheit, 2007, S. 350; *Möllers*, Verfassungsgebende Gewalt – Verfassung – Konstitutionalisierung, in: *v. Bogdandy/Bast* (Hrsg.), Europäisches Verwaltungsrecht, 2009, S. 227; *Vorländer*, Die Verfassung. Idee und Geschichte, 2009, S. 9.

14 Wir können in dem hier diskutierten Problemkontext nicht auf den Wandel des Demokratieverständnisses, auf die Begriffsverschiebung von dem, was zunächst Republik genannt und im Verlaufe des 19. und frühen 20. Jahrhundert in einen erweiterten Demokratiebegriff überführt

Grundgesetzes festgeschrieben: „Alle Staatsgewalt geht vom Volke aus. Sie wird vom Volke in Wahlen und Abstimmungen und durch besondere Organe der Gesetzgebung, der vollziehenden Gewalt und der Rechtsprechung ausgeübt". Wie wir sehen, ist diese Legitimationsformel zugleich eine *Repräsentations- und Kompetenzzuweisungsformel.*

Volkssouveränität wird von Verfassung wegen institutionalisiert, durch eine Bürokratie gestaltet und damit mediatisiert. Ulrich K. Preuß spricht deshalb mit guten Gründen von einem „Zwang zur Form", dem sowohl das Politische als auch das geltende Recht unterworfen werden.[15] Verfassungen geben das Recht der Rechtserzeugung vor. Sie normieren in welchen Verfahren Recht (einschließlich Verfassungsrecht) gesetzt und geändert wird. Zudem kreieren sie Verfassungsorgane, statten sie mit verschiedenen Kompetenzen aus und unterwerfen auch sie dem Recht der Verfassung (insofern ist dann von einer Gewaltenteilung oder eben von Gewaltengliederung die Rede). Ingeborg Maus zieht aus dem Formprimat des Rechts eine bestechende Konsequenz, wenn sie betont:

> „daß Volkssouveränität ohne funktionierenden Rechtsstaat nicht verwirklicht werden kann, weil nur in dieser Verbindung die Unterwerfung der ‚Staatsgewalt' unter den gesetzgebenden Willen des Volkes gelingt: Nur die – im Idealfall – strenge Gesetzesbindung der Staatsapparate beschränkt die ‚Exekutive' im Wortsinne auf die Ausführung der demokratisch zustande gekommenen Gesetze."[16]

Nun ist dieser Vorrang des Rechts (und der Gesetze) ein gängiger Topos in der Demokratie- und Verfassungstheorie. Volk und Volkssouveränität, *demos* und Staatsvolk sind Verfassungsbegriffe und aus dieser Semantik heraus entwickeln sie auch ihre normative Kraft. Diese normative Kraft verweist zugleich auf eine besondere Dynamik. Denn namentlich das Prinzip der Volkssouveränität soll sich in einem Rechts- und Verfassungsstaat verwirklichen, indem es – paradox gewendet – die konstitutionellen Voraussetzungen eigens statuiert. Insofern antworte das Prinzip der Volkssouveränität auf das für die Moderne typische, dennoch „riskante Phänomen des Gewaltmonopols".[17] Um die monopolisierte Gewalt in Form der Staatsgewalten (der Exekutive usw.) zu binden und zu kontrollieren, braucht es ein „souveränitätsloses Recht", ein allgemeines Gesetz, das sicher-

---

wurde. Die Rede von Demokratie wird im Zuge dieser Entwicklung zur Chiffre für die Legitimität politischer Ordnungen, dazu *Wiegand*, Demokratie und Republik, 2017, S. 49.

15 *Preuß*, Der Begriff der Verfassung, in: *ders.* (Hrsg.), Zum Begriff der Verfassung. Die Ordnung des Politischen, 1994, S. 12.

16 *Maus*, Über Volkssouveränität (Fn. 3), S. 9.

17 *Maus*, Über Volkssouveränität (Fn. 3), S. 46.

stellt, dass sich dieses Netzwerk aus Staatsgewalten nicht selbst ermächtigt.[18] Der Allgemeinheitsanspruch des Gesetzes hat aber gleichzeitig zu garantieren, dass die Durchsetzung der Rechtsform auf den gemeinsamen Willen freier und gleicher Bürger bezogen bleibt und sich gerade nicht an dem Kalkül der Privat(rechts) subjekte orientiert.

Damit wird das Prinzip der Volkssouveränität zum Gravitationsfeld eines Verfahrens, das Genesis und Geltung, Legitimität und Legalität gleichermaßen „demokratisiert" und gegen machtpolitische Übergriffe und moralische Überforderungen absichern soll. Der durch dieses Prinzip initiierte Form- und Gestaltungsprimat des Rechts gerät nun aber in gewisse Spannungen zu den Partizipationsinteressen der Bürger. Denn in dem Maße, in dem Volkssouveränität für eine auf Dauer gestellte Kultur der Verrechtlichung steht, muss schon aus Legitimitätsgründen geklärt werden, wie sich innerhalb einer volkssouveränen demokratischen Verfassung politische Teilhabe darstellen kann. Auch wenn die Deutungen ein sehr großes Spektrum abdecken (so bemüht sich vor allem die politische Theorie um eine „Flexibilisierung" des verfassungsrechtlichen Rahmens durch basisdemokratische Elemente, etwa bei Arato, Maus oder Rosanvallon[19]), ist doch nicht zu übersehen, dass politische Teilhabe nicht nur eng an das Projekt selbstreferentieller Herrschaftsausübung, sondern auch selbstreferentieller Rechtsdurchsetzung gekoppelt wird. Das führt vor allem in der dominierenden Demokratie- und Verfassungstheorie zu einer Engführung der Partizipationsidee auf das Repräsentativsystem, auf das Wahlrecht, auf die öffentliche und freie Meinungsbildung.[20] Volk, Volkssouveränität und das revolutionäre Konzept der verfassungsgebenden Gewalt bezeichnen Referenzgrößen, normative Projektionen und kognitive Selbstversicherungen, die das Herrschaftsregime der gewordenen demokratischen Ordnung als eingelöstes Versprechen verstehbar

---

18 *Maus*, Zur Aufklärung der Demokratietheorie, 1992, S. 42.

19 Die Debatte in der politischen Theorie und auch der politischen Philosophie ist selbstverständlich sehr viel differenzierter als das hier diskutiert werden kann. Wegen des gewählten Fokus muss eine ausführlichere Auseinandersetzung unterbleiben (erwähnt seien jedoch die Übersichten bei *Buchstein* [Hrsg.], Das Versprechen der Demokratie, 2013 und *Landwehr/Schmalz-Bruns* [Hrsg.], Deliberative Demokratie in der Diskussion. Herausforderungen, Bewährungsproben, Kritik, 2014). Wir werden aber an anderer Stelle auf thematisch einschlägige Positionen zurückkommen.

20 *Böckenförde*, Mittelbare/ repräsentative Demokratie als eigentliche Form der Demokratie. Bemerkungen zu Begriff und Verwirklichungsproblemen der Demokratie als Staats- und Regierungsform, in: *Müller u. a.* (Hrsg.), Staatsorganisation und Staatsfunktionen im Wandel, 1982, S. 301 (306, 315).

machen sollen.[21] Oder in den Worten von Christoph Möllers, sie sind Teil einer Gründegeschichte, mit deren Hilfe „wir uns erzählen und erklären, wie es zu einer demokratischen Ordnung kam und was sie bedeutet".[22] Dem wird man zustimmen können, wenn man den Eigenwert der bestehenden Ordnung betonen möchte (ein klassischer Topos, der in der politischen Ideengeschichte präsent ist, seitdem es Staats- und Gesellschaftstheorien gibt); wenn man daher in der Berufung auf das Volk, auf die verfassungsgebende Gewalt immer auch die „gefährliche Multivalenz" (Isensee)[23] stabilisierender und destabilisierender Effekte aufmerksam machen will. Aber ist damit das Problem demokratischer Legitimation vom Tisch? Mit anderen Worten, wer ist dieses *Wir* in Möllers' Deutung und wer bestimmt darüber, was wie erzählt wird?

Das Gros der Demokratie- und Verfassungstheorien scheint davon auszugehen, dass auch die Interpretationskompetenz in Sachen Verfassungsauslegung mit der repräsentativen Struktur moderner Gemeinwesen auf einen professionalen Stab übergegangen ist, Juristen als Deutungselite.[24] Repräsentation bekommt in diesem Zusammenhang eine Art Filterfunktion, die populistische, diffuse oder destruktive Zugriffe auf die Rechtsform der Verfassung verhindern kann.[25] Das Bundesverfassungsgericht hat darauf schon frühzeitig insistiert. In der ersten Schwangerschaftsabbruchsentscheidung heißt es:

> „Auch ein allgemeiner Wandel der hierüber in der Bevölkerung herrschenden Anschauungen – falls er überhaupt festzustellen wäre – würde daran nichts ändern. Das Bundesverfassungsgericht, dem von der Verfassung aufgetragen ist, die Beachtung ihrer grundlegenden Prinzipien durch alle Staatsorgane zu überwachen und gegebenenfalls durchzusetzen, kann seine Entscheidungen nur an diesen Prinzipien orientieren, zu deren Entfaltung es selbst in seiner Rechtsprechung entscheidend beigetragen hat."[26]

---

21 *Isensee*, Das Volk als Grund der Verfassung, 1995, S. 74; *Waldhoff*, Die Gründerzählung der Verfassung als Idee des Staates, in: *Depenheuer* (Hrsg.), Erzählungen vom Staat. Ideen als Grundlage von Staatlichkeit, 2011, S. 61.

22 *Möllers*, Demokratie. Zumutungen und Versprechen, 2008, Rn. 19.

23 *Isensee*, Das Volk (Fn. 21), S. 71 f.

24 *Häberle*, Verfassungsinterpretation und Verfassungsgebung, in: *ders.*, Verfassung als öffentlicher Prozeß, 1978, S. 182.

25 Das Repräsentationskonzept der demokratischen Moderne hat inzwischen eine hochkomplexe Ausgestaltung und theoretische Unterfütterung erfahren, vgl. nur *Pitkin*, The Concept of Representation, 1967; *Hofmann*, Repräsentation. Studien zur Wort- und Begriffsgeschichte von der Antike bis ins 19. Jahrhundert, 4. Aufl. 2003 und *Biaggini* (Hrsg.), Repräsentative Demokratie in der Krise? Veröffentlichungen der Vereinigung der Deutschen Staatsrechtslehrer; Bd. 72, 2012.

26 BVerfGE 39, 1 (67).

Was wir hier erkennen können, ist eine starke Drift hin zu einem Verfassungsverständnis und einer Verfassungspraxis, die maßgeblich durch ein Deutungsmonopol ventiliert werden. Die Teilhabe der Bürger (des Volkes) ist wesentlich mediatisiert. Das betrifft sowohl den Akt der *repräsentativen Legitimation* als auch denjenigen der *rechtsformgeleiteten Interpretation.* Die Urteilskompetenz der Akteure beschränkt sich damit weitgehend auf eine Beobachterperspektive und auf die „periodische Politisierung" durch die Inanspruchnahme der Grundrechte. Was ist die Konsequenz? Sind die Bürger dazu aufgerufen, in einem Akt *demokratischer Internalisierung* die Lern- und Entwicklungsprozesse der sie repräsentierenden Organe und Institutionen (und insofern der Verfassungskultur im Ganzen) als gemeinschaftlich initiierte zu begreifen?

1.3 Das rebellierende Volk

Selbstverständlich kann man einen solchen Akt demokratischer Internalisierung als Legitimationskonzept begreifen. Aber erkennen lässt sich zunächst noch etwas anderes: Die oben erwähnte Spannung zwischen repräsentativen, auf dem Primat der Rechtsform bestehenden und partizipativen Demokratie- bzw. Souveränitätsverständnissen scheint doch eher einem Konkurrenzverhältnis zu gleichen (oder sich sogar zu einem Gegensatz entwickelt zu haben), wobei die repräsentativ ausbalancierte Volkssouveränität nach wie vor den Idealtypus darstellt. Wenn das verfasste Volk, die repräsentative Volkssouveränität das demokratische Standardmodell abgibt, dann können partizipative Modelle diesseits und jenseits der Repräsentation nur untergeordnete Bedeutung haben. Dieser Sicht der Dinge ist in der jüngeren Demokratiegeschichte, etwa unter dem Titel der direkten oder plebiszitären Demokratie, der radikalen Demokratietheorie oder des Populismus widersprochen worden. Der gesamte Problemkontext ist inzwischen gut dokumentiert.[27] Worauf wir uns hier konzentrieren wollen, ist die damit einhergehende Neubestimmung des Volks- und Volkssouveränitätsbegriffs. Dieser Bedeutungswandel soll in der Rede vom *rebellierenden Volk* zusammengefasst werden.

Nun sind theoretische und politische Kontroversen um die Legitimität von Recht und Verfassung alles andere als neu. Das Widerstandsrecht ist wohl das bekannteste Konzept. Während das klassische Widerstandsrecht allerdings gegen

---

27 *Münch* (Hrsg.), Direkte Demokratie. Analysen im internationalen Vergleich, 2012; *Nachtwey/Jörke* (Hrsg.) Das Volk gegen die (liberale) Demokratie, 2017; *Comtesse u. a.* (Hrsg.) Radikale Demokratietheorie. Ein Handbuch, 2019.

ein Handeln staatlicher Organe gerichtet ist, ohne dass der Status der Widerständigen *innerhalb der geltenden Verfassung* eine besondere Rolle spielte (und auch nicht spielen kann, wie etwa Kant betont), haben die oben genannten Projekte – bei allen Unterschieden – eine andere, zweifache Stoßrichtung. So ist zwar auch hier der Stein des Anstoßes eine in den Augen der Akteure sichtbare Fehlentwicklung der Verfassungs- und Legitimationskultur des Gemeinwesens. Man denke aus jüngerer Zeit an die Bestrebungen, Demokratie mit Europa und europäischen Institutionen (des Parlaments) zusammenzubringen oder Demokratie als Parteiendemokratie zu etablieren. Verwiesen sei auf das Spannungsfeld von Demokratie, Globalisierung und Menschenrechten und erinnert an den sozialen Wandel im Zuge der Neoliberalisierung staatlicher Daseinsvorsorge.[28] Zu bemerken ist jedoch, dass diese Kritik an den bestehenden demokratischen Verhältnissen genutzt wird, um zugleich Status und Selbstverständnis der Protestbewegungen im Rahmen der gewachsenen Legitimationskultur aufzuklären. Das heißt, neue Deutungen von Volk und Volkssouveränität werden dem Deutungsmonopol dominierender Demokratietheorien und des Verfassungsrechts entgegengestellt. Aber von welchem Volk und welcher Volkssouveränität ist dann die Rede? Im Grunde geht es hier um das für die Demokratie zentrale Problem der Willensbildung, um die mit der kollektiven Willensbildung verknüpfte politische und normative Kraft. Und dieses Problem verschärft sich gerade in gesellschaftlichen Situationen, in denen durch Selbstattribution ein Volk („Wir sind das Volk") gegen das „verfasste", „legitime" (das Volk des Verfassungsrechts, Artikel 20 Absatz 2 GG oder der Staatsangehörigkeitsformel) mobilisiert wird.

Diese Selbstattribution oder Selbstermächtigung ist deshalb so brisant, weil geklärt werden muss, welchen demokratischen Status diese Selbstermächtigung hat oder haben sollte. In der Geschichte wurde – jedenfalls theoretisch – die Situation nicht selten dadurch entdramatisiert, dass zwischen einem empirischen Volk (*vulgus*) und einem politisch-organisierten und mit einer normativen Kraft versehenen Volk (*populus*) unterschieden wurde. Auch Hegel markiert die Differenz scharf, wenn er etwa mit *vulgus* eine Menge bezeichnet, die, wenn sie als solche bestehen könnte, „eine unförmliche, wüste, blinde Gewalt, wie die des aufgeregten, elementarischen Meeres" hervorbrächte.[29] Die Einheit des *populus* ist also nicht naturgegeben. Sie wird durch den Prozess politischer Vermittlung ständig neu konstituiert, insbesondere durch die Prozeduren der Repräsentation. Von Volkssouveränität zu sprechen, sei demnach nur dann sinnvoll, wenn man

---

28 *Brown*, Die schleichende Revolution. Wie der Neoliberalismus die Demokratie zerstört, 2015.
29 *Hegel*, Enzyklopädie der philosophischen Wissenschaften, Gesammelte Werke, Bd. 20, 1992, § 544.

sich von der „wüste[n] Vorstellung des Volkes“ als einer den politischen Institutionen feindlich gegenüberstehenden „formlose[n] Masse“[30] löse. Das Volk in diesem Sinne, so Hegel, ist der Teil der Mitglieder eines Staates, „der nicht weiß, was er will“.[31] Denn aus einem „Aggregat der Privaten“, mag sie auch eine überwältigende Mehrheit der Bevölkerung enthalten, könne schlicht kein Gemeinwillen hervorgehen. Hegel konzediert allerdings auch, dass sich diese „unorganische“ Vorstellung vom Volk vor allem beim sogenannten „Pöbel“ finden würde. Im 20. Jahrhundert wird die Masse, etwa bei Sigmund Freud, Elias Canetti oder Ortega y Gasset, zum Sinnbild für das gleichermaßen Faszinierende, Unbeherrschbare und Bedrohliche eines rebellierenden Volkes.

Es ist gerade diese Deutung von Masse und Macht, diese Dissoziierung von illegitimem und legitimem Volk, gegen die sich die genannten Projekte wenden. Das ganze Unternehmen läuft letztlich darauf hinaus, den gesellschaftlichen Emanzipations- und Protestbewegungen eine *eigenständige politische und normative Kraft* zu attestieren.[32] Die Wege sind unterschiedlich und können hier nicht im Einzelnen ausbuchstabiert werden. Zwei markante Argumentationsstränge seien aber hervorgehoben: Zum einen wird in neuer Semantik die Idee der verfassungsgebenden oder konstituierenden Gewalt mobilisiert,[33] zum anderen wird der Begriff des Volkes und der Volkssouveränität vergesellschaftet und, wie es heißt, aus der traditionellen Staatsideologie gelöst.[34] Der Rückgriff auf die verfassungsgebende oder konstituierende Gewalt kann an die klassische Debatte seit Sieyès, aber auch an das verfassungsrechtliche Legitimationsnarrativ anknüpfen. Beide Modelle werden depotenziert und gleichzeitig erweitert. Verfassungsgebende oder konstituierende Gewalt bezieht sich danach nicht auf ein punktuelles oder nur historisches Ereignis. Die Kernidee der verfassungsgebenden oder konstituierenden Gewalt bestehe vielmehr darin, die Grundordnung des demokratischen Gemeinwesens der politischen Autonomie der Rechtsadressaten zu unterwerfen. Das Ziel, die Organisation der öffentlichen Gewalt dauerhaft zur Disposition zu stellen, könne aber nur dann erreicht werden, wenn die Bürger

---

30 *Hegel*, Grundlinien der Philosophie des Rechts, Gesammelte Werke, Bd. 14, 2009, § 279.

31 *Hegel*, Grundlinien (Fn. 30), § 301.

32 Wir werden im Folgenden die verschiedenen, vor allem (rechts-)populistischen Strömungen/ Politisierungstendenzen nur streifen, Einzelheiten bei *Michaelsen/Walter*, Populismus. Eine Ideologie der Demokratie?, in: Zeitschrift für Politikwissenschaft, 24. Jg., 2014, S. 161; *Müller*, Was ist Populismus? Ein Essay, 2016 und *Mouffe*, Für einen linken Populismus, 2018.

33 *Patberg*, Usurpation und Autorisierung. Konstituierende Gewalt im globalen Zeitalter, 2018.

34 *Abensour*, Demokratie gegen den Staat. Marx und das machiavellische Moment, 2012; *Badiou u. a.*, Was ist ein Volk? (Fn. 3), S. 9; *Lefort*, Die Frage der Demokratie, in: *Rödel* (Hrsg.), Autonome Gesellschaft und libertäre Demokratie, 1990, S. 281; *Möller*, Formenwandel der Verfassung, 2015; *Ranciere*, Der Hass der Demokratie, 2012.

über spezifische, d. h. *politische* Rechte verfügten. Diese Rechte müssten in einer Praxis zur Geltung gebracht werden, die auf einem Set nicht juridischer Prinzipien, wie Gewaltlosigkeit, Inklusivität, Gleichheit und Diskursivität basiert.[35] Die Vergesellschaftung der Volks- und Volkssouveränitätssemantik bestreitet – insofern noch radikaler – den Primat des „offiziellen" Verfassungsvolks, denn dieses Volk sei das Konzept einer liberalen Ideologie, ein „Mittelklasse-Volk", das dadurch aber bestimmte Gruppen und Interessen exkludiere oder marginalisiere. Das wahre oder wirkliche Volk (im Gegensatz zum „offiziellen") ist das Volk, das sich in einer gemeinsamen Sprache und in Gestalt einer alternativen politischen Sozialität konstituiert und das Volkssouveränität nicht nur performativ ausübt, sondern auch performativ inszeniert.[36] Die Begriffe des Volkes und der Volkssouveränität werden aus ihrer rechtlichen Codierung gelöst, politisiert und so zu einer verfassungsgebenden „Gegen-Gewalt", ja wir können sogar sagen, zu einer „Gegen-Demokratie" ausgebaut[37]. In diesem Sinne heißt es dann:

> „Die Gründungsmacht des Volkes, wie sie in den meisten demokratischen Verfassungen festgehalten ist, wandert als Gegenmacht in den regulären politischen Prozess. Sie wird durch Parteien, soziale Bewegungen oder Einzelpersonen aktiviert und politisch besetzt [...]." Indem populistische Politikformen die Unterscheidung Volk/Machtblock mobilisierten, „setzen sie einen Gegenkreislauf in Gang. Sie knüpfen an die etablierte kommunikative Selbstreferenz des politischen und rechtlichen Systems an, in der das Volk zur verfassungsgebenden Gewalt erhoben wird, und wenden sie verallgemeinernd gegen die Eliten bzw. den Machtblock. Damit kehren sie das Verständnis der liberalen Linie um: Nur wenn sich das Volk auch innerhalb des normalen politischen Prozesses aktiviert und verkörpert, entsteht eine Gegenkraft zu den beobachtbaren Tendenzen der Selbstermächtigung von Eliten und Organgewalten".[38]

Wenn aber das rebellierende Volk (oder die „Gegen-Demokratie") die Alternative zur liberalen Ideologie eines hegemonialen Rechts, zum demokratisch verfassten (repräsentierten) Volk sein soll, wie kann dann verhindert werden, dass der emanzipatorische oder allgemein politische Anspruch nicht selbst in eine Gewalt-Ideologie mündet, die einer Hegemonie des Politischen Vorschub leistet und mit der die Willkür der Revolte droht? Man denke etwa an die *grande terreur* der Jakobiner, an die Radikalisierung der Politik unter Lenin und der „Partei neuen Typs" oder die Partisanen- und Bürgerkriege. Woran erkennt man also die wahre

---

35 *Patberg*, Usurpation und Autorisierung (Fn. 33), S. 173, 190.

36 *Badiou u. a.*, Was ist ein Volk? (Fn. 3), S. 9; *Butler*, ‚Wir, das Volk'. Überlegungen zur Versammlungsfreiheit, in: *Badiou u. a.* (Hrsg.), Was ist ein Volk, 2017, S. 39.

37 Abensour spitzt den Gedanken zu, wenn er von einem Kampf der wahren Demokratie gegen den Staat spricht und diese Situation von der „streitbaren Demokratie" absetzt, *ders.* (Fn. 34).

38 *Möller*, Formenwandel der Verfassung (Fn. 34), S. 251.

Demokratie, die selbstaufgeklärte verfassungsgebende Gewalt oder die wirkliche Volkssouveränität? Und wie kann mit dieser Politisierung ein Netzwerk des Rechts begründet werden, das eine freiheitlich angeeignete Verfassungskultur ermöglicht (falls Recht als Form der Freiheit nicht grundsätzlich abgelehnt wird)? Die Fragen sind im Kern nicht neu. Sie spielten bereits in der Weimarer Republik eine zentrale Rolle, insofern neue Antworten auf die demokratische Herausforderung, auf die Legitimationskraft volkssouverän begründeter Ordnungen gefunden werden mussten. Hans Kelsen, auf den wir schon Bezug genommen haben, ist für das hier zu verhandelnde Problem besonders interessant: Er verknüpft eine soziologische mit einer (verfassungs-)rechtlichen Perspektive und entwickelt daraus ein ideologiekritisches und ein demokratietheoretisches Argument. Beide gemeinsam sollen einen Begriff des Volkes etablieren helfen, der den Legitimationsbedürfnissen plural und „nachmetaphysisch“ organisierter Gesellschaften gerecht werden kann. Wir werden als Erstes das Potential dieser Position austesten und im Anschluss skizzieren, welche Anknüpfungspunkte es heute für eine rechtlich und politisch verunsicherte Moderne gibt.

2 Kelsens Kritik der Volkssouveränität

2.1 Dekonstruktion demokratischer Herrschaftsvorstellungen

Erinnern wir zunächst an die eingangs zitierte Passage. Sie ist im Zusammenhang demokratietheoretischer Erörterungen einigermaßen ungewöhnlich, denn Kelsen nutzt, wie gesehen, das methodische Instrumentarium der freudschen Psychoanalyse, um das traditionelle Verständnis von Volk und Volkssouveränität zu dekonstruieren. Kelsen schreibt also:

> „Und so wie im primitiven Zustand des Totemismus die Clangenossen sich bei gewissen orgiastischen Festen die Maske des heiligen Totemtiers, das ist der Urvater des Clans, vornehmen, um für kurze Zeit, selbst den Vater spielend, alle Bande sozialer Ordnung abzustreifen, so bekleidet sich das normunterworfene Volk in der demokratischen Ideologie mit dem Charakter unveräußerlicher, nur der Funktion nach übertragbarer und auf die Gewählten immer wieder neu zu übertragender Autorität. Auch die Lehre von der Volkssouveränität ist – wenn auch sehr verfeinert und vergeistigt – eine totemistische Maske.“[39]

Die Lehre von der Volkssouveränität ist eine totemistische Maske. Der Rückgriff auf die psychoanalytische Semantik ist in zweierlei Hinsicht bedeutsam. Erstens mit

39 *Kelsen*, Demokratie (Fn. 1), S. 134.

Blick auf Kelsens Rezeption.[40] Freud hatte in *Totem und Tabu*[41] bekanntermaßen die These entwickelt, dass die innere Struktur politischer Ordnungen vor dem Hintergrund des Ödipus-Komplexes verstanden werden kann. Der Ödipus-Komplex als Denk- und Handlungsparadigma ist eine Antwort auf die Frage, wie Gesellschaften kulturelle Standards und Werte entwickelt haben, um rollenspezifische Kompetenzen des Einzelnen und soziale Beziehungen zu ermöglichen. Die Etablierung und der Umgang mit Totemismus und Tabu sind für Freud Institutionen und Kulturtechniken, mittels derer Trieb- und Herrschaftskontrolle erreicht, mit anderen Worten, Geschlechterrollen (Inzestscheu, Exogamie usw.) und Autoritätsverhältnisse eingeübt werden können. Diese Praktiken der Sublimierung und Zivilisierung sind freiheitsbegründend und zugleich disziplinierend. Wir verdanken ihnen deshalb, so Freud in einem Brief an Albert Einstein, „das Beste, was wir geworden sind, und ein gutes Teil von dem, woran wir leiden". In der etwas später veröffentlichten Arbeit über *Massenpsychologie und Ich-Analyse* kommt Freud auf die Frage nach der inneren Struktur politischer Ordnungen zurück. Hier betont er die Bedeutung des Massenphänomens für individuelle Bindungs- und bewusste oder unbewusste Identifikationskräfte, aus denen heraus Macht- und Gemeinschaftsgefühle erzeugt würden.[42] Dementsprechend unterscheidet Freud zwei verschiedene Gestalten, eine egalitär-anarchische und eine hierarchisch organisierte Masse. Während die erstgenannte nur ephemeren Charakter habe (weil nur von vorübergehenden, etwa revolutionären Interessen getragen), sei die zweite stabil, integrativ und deshalb, so Freud, allein „lebensfähig".[43] Für Freud geht es immer dann um eine (primäre) Masse, wenn „eine Anzahl von Individuen, die ein und dasselbe Objekt an die Stelle ihres Ich-Ideals gesetzt und sich infolgedessen miteinander identifiziert haben."[44]

---

40 Der intensive wissenschaftliche Austausch zwischen Kelsen und Freud beginnt 1911 und hält die gesamte „Weimarer Zeit" an. Bei Kelsen werden sich diese Gespräche in einer Reihe von Veröffentlichungen u. a. in den Zeitschriften *Imago* und *Logos* („Der Begriff des Staates und die Sozialpsychologie" (1922) und „Gott und Staat" von 1923), aber auch in den Demokratieschriften niederschlagen. Eine vertiefte Beschäftigung namentlich mit der Rezeption Freuds durch Kelsen ist bisher nur in Ansätzen geschehen, vgl. einerseits *Balibar*, Freud et Kelsen, 1922. l'invention du surmoi, in: Incidence (3), 2007, S. 21, andererseits *Honneth*, Das Recht der Freiheit, 2011, S. 589; aus kulturphilosophischer Perspektive nun *Thomä*, Puer robustus. Eine Philosophie des Störenfrieds, 2016, S. 379.

41 *Freud*, Totem und Tabu (Fn. 2), S. 122.

42 *Freud*, Massenpsychologie und Ich-Analyse, in: *ders.* Gesammelte Werke, Bd. 13, 7. Aufl. 1986.

43 *Freud*, Massenpsychologie (Fn. 42), S. 135; Zum Verhältnis der beiden Massen-Typen heißt es: „Die Massen der ersteren Art sind den letzteren gleichsam aufgesetzt wie die kurzen, aber hohen Wellen den langen Dünungen der See.", S. 85.

44 *Freud*, Massenpsychologie (Fn. 42), S. 128.

Kelsen nutzt beide Aspekte, Ödipus-Komplex und Masse/ Massenphänomen, als Sonden, um sich über das damals gängige und sein Demokratieverständnis klar zu werden. Bemerkenswerterweise setzt sich Kelsen in seiner Deutung dezidiert von Freud ab. Kritisch wendet er in *Der Begriff des Staates und die Sozialpsychologie* gegen Freud ein, dass dieser die Struktur politischer Ordnungen allein am Maßstab massenpsychologischer Phänomene deuten wolle. Dass das auf die politische Ordnung nicht zutreffe, zeige sich schon daran, dass Freud seine Masse-Definition ausschließlich an der primären, aber nicht an der sekundären, hierarchisch-artifiziellen ausgerichtet habe.[45] Dennoch glaubt Kelsen die Massenanalyse Freuds rechtlich und politisch rekonstruieren zu können, und zwar als Organisationsanalyse demokratischer Verfassungen. Mit anderen Worten, Kelsen interessiert sich für die demokratische Organisation des sozialen Kollektivs. Diese ist (hier kann nun Kelsen unmittelbar an Freud anknüpfen) horizontal und vertikal, egalitär und hierarchisch strukturiert. Einerseits, so Kelsen, bezieht sich

> „das soziale Erlebnis" auf das „Bewusstsein des Individuums [...], verbunden zu sein mit anderen Wesen, die [...] von ihm als gleichartig, als Genossen empfunden werden". Andererseits erfährt sich das Individuum als Teil „eines Ganzen, das man [...] als über sich, dem bloßen Teil stehend, als ein Höheres empfindet, [...] dem gegenüber sonach das Gefühl der Abhängigkeit sich einstellen muß".[46]

Eine demokratische Legitimation, zumal die Frage der Volkssouveränität, entscheidet sich daher für Kelsen an der Begründung der hierarchischen Struktur des sozialen Kollektivs, d. h. an der *Rechtfertigung politischer Abhängigkeitsbeziehungen*. Kelsen überprüft hier ein weiteres Mal die Argumentation Freuds. Freud hatte wie wir wissen die hierarchische Struktur sozialer Kollektive mit der Homologie zwischen der familiären Vater-Autorität und der Autorität des Landesvaters oder Gottvaters erklärt. Kelsen geht mit dieser Homologie weitaus vorsichtiger um. Zwar gäbe es auch in Demokratien die Personalisierung von Autoritäten. Epistemisch und vor allem normativ spielten allerdings Formen der Entpersonalisierung eine viel größere Rolle. Die Rede von der Selbstermächtigung des Volkes als verfassungsgebende Gewalt (in der Nachfolge von Sieyes) oder die Idee der Volkssouveränität als verinnerlichte Vaterautorität (so statt Vieler Freud) sind für Kelsen solche Beispiele. Für Kelsen sind diese Konzepte wenigstens ideologieverdächtig. Denn sie verschleierten die wahre Logik, die Organisati-

45 *Kelsen*, Der Staat und die Sozialpsychologie, in: Imago. Zeitschrift für die Anwendung der Psychoanalyse auf die Geisteswissenschaften, VIII.2., 1922, S. 97 (122).

46 *Kelsen*, Gott und Staat, in: Logos. Zeitschrift für systematische Philosophie, 1923, S. 261.

onsstrukturen, die diesen Imaginationen demokratischer Volksherrschaft zugrunde lägen.

Nur wie kann in politisch angemessener (d. h. heißt für Kelsen in nichtmetaphysischer) Weise von einer Identität von Herrschenden und Beherrschten gesprochen; wann und unter welchen Voraussetzungen kann ein soziales Kollektiv, eine kollektive Willensbildung usw. angenommen werden? Mit dem Rückgriff auf den Totemismus, auf die totemistische Maske nutzt Kelsen eine Metapher, die die schillernde Semantik moderner demokratischer Legitimation geradezu auf den Punkt bringt: Volk und Volkssouveränität stehen nicht nur in der Gefahr, eindimensional oder realitätsfremd interpretiert zu werden, wie es eingangs hieß. Volk und Volkssouveränität artikulieren für Kelsen zuallererst Problembeschreibungen, im besten Falle Zeichen für ein Problemwissen, nur keine „universalen" Lösungsformeln. Die Rede von der totemistischen Maske der Demokratie soll darauf aufmerksam machen, dass der Herrschaftsbegriff auch in modernen Demokratietheorien keine scharfen Konturierungen erhalten hat, sondern ein hoch umstrittener *Kampfbegriff* geblieben ist. Kelsen adressiert diesen Befund an den demokratie- und rechtstheoretischen Diskurs der Weimarer Zeit.[47] Wir können das aber durchaus auf die aktuelle Debatte beziehen.

So könnte Kelsen gegen die dominierenden Rechts- und Verfassungstheorien geltend machen, dass sie die Bestimmung des Volkes und die Frage der Volkssouveränität zu schnell mit der Idee einer *väterlichen Autorität* kurzschließen, die, wie es Kelsen nennt, „die Fiktion der Willensübertragung" auf eine vom einzelnen gelöste Herrschaftsdurchsetzungsinstanz verdeckt. Der Rekurs auf die Herrschaftsbegründung und Herrschaftsausübung und das damit verknüpfte Deutungsmonopol legen demnach nicht offen, welche ökonomischen, politischen und ethischen Annahmen dem verfassungsrechtlich konstruierten Begriff des Volkes zugrunde liegen (oder als zugrunde liegend behauptet werden). Das Volk ist, wenn man es zuspitzen wollte, das Volk der liberalen Ideologie und die Verwirklichung der Souveränität ein Akt der sanktionierten Ordnungsgewalt. Im Unterschied dazu entwickeln liberalismus- und rechtsstaatskritische Positionen Vorstellungen von Volk und Volkssouveränität, die Kelsen als Auflösung der Begriffe zugunsten eines amorphen Politikverständnisses ansehen würde. Die Mobilisierung eines rebellierenden Volkes käme für Kelsen nur einer *Verdopplung des Volkes*, einem Gegeneinander von „offiziellem" und „inoffiziellem" Volk gleich (was man auch als Revolution bezeichnen könnte). Sie bedeutete daher – jeden-

47 *Kelsen*, Demokratie (Fn. 1), S. 1, 115; vgl. dazu auch *Hacke*, Existenzkrise der Demokratie. Zur politischen Theorie des Liberalismus in der Zwischenkriegszeit, 2018, S. 203.

falls für Kelsen – keinen Gewinn, sondern einen Verlust an demokratischen Willensbildungs- und Herrschaftsformen.

2.2 Die Herrschaft der realen Demokratie

Aber was ist Kelsens Idee? Sagen wir es so: Kelsen will den Weg zwischen Skylla und Charybdis, zwischen der Fiktion des Staates als *Makroanthropos* und einer politisierten „führerlosen" Genossenschaft finden (wir müssen hier das „führerlos" wie auch die Rede von Führer, Führerwechsel usw. im Kontext einer Zeit lesen, deren Sprache noch nicht von der perfiden Ideologie des Nationalsozialismus infiziert war). Verteidigt werden soll auf diese Weise eine Gestalt demokratischer Gemeinwesen, die die Legitimationsbasis ihrer vertikalen Organisationstrukturen, von Repräsentation, Bürokratie usw., durch einen horizontal moderierten Meinungs- und Willensbildungsprozess erfährt. Dieser Meinungs- und Willensbildungsprozess ist aber nicht mit der *volonté générale* Rousseaus zu verwechseln. Ganz im Gegenteil, für Kelsen wird, wenn man einen Vergleich ziehen wollte, eher die *volonté de tous* zum Maßstab demokratischer Herrschaft und Regierung (was er methodisch durch einen „sozialen Realismus" oder Nominalismus erreicht). Insofern sei aber charakteristisch:

> „nicht daß der herrschende Wille Wille des Volkes ist, sondern daß eine breite Schicht der Normunterworfenen, daß die größtmögliche Zahl von Gemeinschaftsmitgliedern an dem Prozesse der Willensbildung teilnimmt, und auch dies nur [...] an einem bestimmten Stadium dieses Prozesses, das man im allgemeinen als Gesetzgebung bezeichnet, und auch dies nur bei der Kreation des Gesetzgebungsorgans".[48]

Wir können das *die Herrschaft der realen Demokratie* nennen. Dieses Demokratieverständnis ermöglicht Kelsen eine andere Rekonstruktion volkssouveräner Repräsentation. Denn im Unterschied zur gängigen Freiheitsideologie, so Kelsen, die die Herrschaft und den Herrschaftswillen mit dem Parlamentarismus, d. h. mit der Macht über die Gesetzgebung kurzgeschlossen habe, komme es gerade darauf an, das *Wechselspiel* zwischen Wahlvolk, Parlament und Regierung einerseits und den Staatsgewalten untereinander andererseits ernst zu nehmen. Für die moderne Demokratie sei insofern kennzeichnend, dass die Regierung als Gesetze vollziehende Gewalt – Kelsen spricht hier von der Führerschaft – innerhalb eines vielhundertköpfigen Parlaments zu verorten sei; dass an die Stelle des einen ex-

48 *Kelsen*, Demokratie (Fn. 1), S. 131.

ponierten Herrschaftsrepräsentanten so eine Vielzahl von Personen trete, die sich die Funktion der Erzeugung des leitenden Willens teilten.

> „Das Bild der realen Demokratie zeigt das Faktum eines mehr oder weniger raschen Führerwechsels“.[49] In diesem entscheidenden Punkte ist sie, so Kelsen, „durchaus dynamischer Natur. Ein stetes Aufströmen aus der Gemeinschaft der Geführten in die Führerstellung findet statt“.[50] Damit aber „wird die Kreation dieser vielen Führer zum Kernproblem der realen Demokratie, die – im Widerspruch zu ihrer Ideologie – nicht eine führerlose Genossenschaft ist, die sich nicht durch den Mangel, sondern eher durch die Fülle der Führer von der realen Autokratie unterscheidet“.[51]

In das Zentrum des Interesses rücken dann aber die Bedeutung und die Prozeduren der freien und gleichen Wahl. Denn die Wahl könne gerade keine freiheitserhaltende Willensübertragung vom Wahlvolk auf das Führungspersonal garantieren, kein Wille sei übertragbar, niemand könne sich im Willen vertreten lassen. Legitimation durch Wahl in einem demokratischen Gemeinwesen kann für Kelsen nur auf einer Diversifikation oder zusammengesetzten Funktion der *Herrschaftsausübungsverantwortung* beruhen. Genau genommen geht es um eine Kopplung der Wahlentscheidung an konkrete Staats- bzw. Verfassungsorgane, an die Bürokratie des Staates. Entscheidend sei aber, „daß das durch die Wahl kreierte Organ über den Kreationsorganen steht, weil durch die Wahl ein Organ geschaffen wird, das den die Wähler unterwerfenden Herrschaftswillen, die sie bindenden Normen erzeugt“.[52] Die Herrschaft der realen Demokratie wird letztlich durch ein Netzwerk aus Organen, Institutionen und willensgeleiteten Praktiken stabilisiert, das zwei Effekte gleichzeitig erreichen soll: Zum einen soll der Status des freien Individuums als Teil des Wahlvolks hervorgehoben und sein Einfluss auf die Herrschaftsausübungsverantwortung gesichert werden. Zum anderen wird der repräsentative Charakter moderner Demokratien nicht nur als notwendig, sondern auch als hinreichend legitimierbar angesehen.

Kelsens Anliegen ist eine Entmythologisierung der demokratischen (Verfassungs-)Kultur, der er durch eine Rationalisierung kollektiver Willensbildungsprozesse, aber auch durch eine Betonung der *Responsibilität* und *Öffentlichkeit* von Repräsentativentscheidungen den Weg bereiten will. Diesem Anliegen lässt sich auch mit Blick auf die aktuellen Debatte und die immer wieder ausgerufene

---

49 *Kelsen*, Demokratie (Fn. 1), S. 135.

50 *Kelsen*, Staatsform und Weltanschauung, in: *Klecatsky u. a.* (Hrsg.), Die Wiener rechtstheoretische Schule. Ausgewählte Schriften von Hans Kelsen, Adolf Julius Merkl und Hans Verdross, 1968, S. 1923 (1934).

51 *Kelsen*, Demokratie (Fn. 1), S. 133.

52 *Kelsen*, Demokratie (Fn. 1), S. 133 f.

Krise der repräsentativen Demokratie Einiges abgewinnen (siehe die vorangegangene Analyse). Kelsen ventiliert eine Vorstellung von Demokratie als Staats- und Regierungsform, die die Pluralität und das In-Bewegung-sein liberaler Gesellschaften und die Normorientierungsfunktion moderner Rechtsordnungen gleichermaßen berücksichtigen soll.

> „Die Einheit oder das Ganze des Staates", so Kelsen, „ist kein ruhender Zustand, sondern ein sich immer wieder erneuernder Prozeß, keine statische, sondern eine dynamische Einheit". Aber nicht nur das: Auch „die Rechtsordnung [...] ist ein ‚ewiger Prozeß', in dem sich der Staat immer wieder von neuem erzeugt."[53]

Demokratie, Staat und Rechtsordnung stehen daher als Organisationsformen des Sozialen in einem Wechsel- und Abhängigkeitsverhältnis. Das ist für Kelsen auch unumgänglich. Denn nur auf diese Weise kann er sicherstellen, dass in seinem antimetaphysischen Projekt ein Kern individueller demokratischer Freiheit gewahrt bleibt („Der Gedanke der Freiheit in einer schon denaturierten Form der politischen Selbstbestimmung wird eben durch das *unverzichtbare Bedürfnis nach Arbeitsteilung, nach sozialer Differenzierung*, eingeschränkt.")[54] Allerdings führt Kelsens Projekt einer realen Demokratie in ein Dilemma. Müsste er doch zeigen können, wie seine politische Rationalität, seine juristische Antimetaphysik gleichzeitig eine kollektive, auf die *Gemeininteressen* ausgerichtete Willensbildung überhaupt zulässt. Mit anderen Worten, wie sollen wir eine gemeinschaftliche Willensbildung aus dem Geiste individualisierter Meinungs- und Willensbildungsprozesse denken? Es ist bemerkenswert, dass Kelsen hierfür erneut auf Sigmund Freud zurückgreift.

In seinen Überlegungen zu *Staatsform und Weltanschauung* nimmt er auf den Begriff des Gemeinschafts*gefühls* Bezug, den Freud seinerseits an verschiedenen Stellen diskutiert hatte.[55] Mit der Rede vom Gemeinschaftsgefühl scheint Kelsen sein Netzwerk aus Organen, Institutionen und willensgeleiteten Praktiken mit

53 *Kelsen*, Der Staat als Integration. Eine prinzipielle Auseinandersetzung, 1930, S. 50

54 *Kelsen*, Demokratie (Fn. 1), S. 122.

55 „Die Gemeinschaft", so Freud, „muß permanent erhalten werden, sich organisieren, Vorschriften schaffen, die den gefürchteten Auflehnungen vorbeugen, Organe bestimmen, die über die Einhaltung der Vorschriften – Gesetze – wachen und die Ausführung der rechtmäßigen Gewaltakte besorgen. In der Anerkennung einer solchen Interessengemeinschaft stellen sich unter den Mitgliedern einer geeigneten Menschengruppe Gefühlsbindungen her, Gemeinschaftsgefühle, in denen ihre eigentliche Stärke beruht." *Freud*, Warum Krieg?, in: *ders.* Gesammelte Werke, Bd. 16, 1986, S. 10 (15f.).

einem Typus des politischen interessierten Bürgers, wir können auch sagen, mit dem Typus eines „demokratischen Individuums" verknüpfen zu wollen.[56]

Dass eine politische und rechtlich verfasste Ordnung Akteure braucht, die sich auf konsentierte Werte, Überzeugungen und Narrative einer Gesellschaft einlassen, die eine verantwortungsvolle (wenn auch kontroverse) Haltung entwickeln, ist ein wichtiger Punkt. Kelsen hat insofern völlig Recht. Aber welche Rolle kann dieses Gemeinschafts- oder Bindungsgefühl bei Kelsen überhaupt einnehmen? Nun, Kelsen kann in seiner neukantianischen Deutung der Welt darauf verweisen, dass strikt zwischen einer Sphäre des Seins und des Sollens zu unterscheiden ist. Gemeinschafts- oder Bindungsgefühle, aber auch Volkssouveränität als gesetzgebende Gewalt gehören zur Sphäre des Seins. Ihre Bedeutung entfalten sie für Kelsen demzufolge in einem doppelten Sinn, zunächst als *reale/nicht-normative* und dann als *juristisch-normative*. Als erstgenannte beschreiben und strukturieren sie soziale, psychologische, politische, rechtliche Belange (individuelle oder kollektive), ohne dass damit ein konkreter Einfluss auf die Geltungsstruktur des positiven Rechts intendiert wäre (ganz im Gegenteil, der gerade verhindert werden müsste). Auf der anderen Seite steht für Kelsen das juristische *Framing*, der juristische Deutungshorizont. Gemeinschafts- oder Bindungsgefühle und Volk- oder Volkssouveränität sind hier aber nicht mehr als eigenständige Lebenssachverhalte, Kräfte usw. interessant, sie sind juristisch genormte Konstrukte. Gemeinschafts- oder Bindungsgefühle können insofern (nur) in der Rede vom frei gewählten Normvertrauen reformuliert werden. Volk und Volkssouveränität wiederum treten (nur) in der Gestalt einer *pouvoir constitué*, eines verfassungsrechtlich gemachten Volkes in Erscheinung. Kelsens methodisches Vorgehen, die Verknüpfung von Werterelativismus und exklusivem Geltungsanspruch des Rechts ebnet den Weg für eine gereinigte juridische Normativität. Demnach ist das Recht von anderen Wert- und Normenordnungen zu trennen. Es muss alles *Nichtrechtliche* als das eigene Außen begreifen (darf es also nur aus diesem Kalkül heraus in das Recht transformieren) und insofern auf ethischer Indifferenz oder Neutralität bestehen. Kelsen will damit, wie er betont, eine Vermengung von faktischem und normativ erzeugtem Volk verhindern. Denn gerade diese Vermengung sei der Grund für eine Ideologisierung und damit für das „Dogma" der Volkssouveränität, die dann gegen den verfassungsrechtlich abgesicherten Parlamentarismus gewendet werde.

Aber Kelsen überspielt damit die Spannungen und die Dynamiken, denen das Recht ausgesetzt ist: Nur weil sein Normativitätskonzept epistemologisch begründet und gleichzeitig bereinigt wird, kann er das geltende Recht von sonstigen

56 *Kelsen*, Staatsform und Weltanschauung (Fn. 50), S. 1928.

wissenschaftlichen und gesellschaftlichen Zusammenhängen lösen (wobei offen bleibt, wie Kelsen mit seinem methodischen Instrumentarium überhaupt zwischen den normativen Sphären Recht, Religion und Moral unterscheiden kann). Ausgeblendet wird so aber, dass die Selbstorganisation des modernen liberalen Rechts und die Inanspruchnahme der Rechte selbst eine Form von Freiheit *erzeugt*. Kelsen scheint der Überzeugung zu sein, dass individuelle Freiheit entweder als *Gegebenes* vorausgesetzt werden müsse, das vor dem Recht existiert; oder dass Freiheit durch das Recht beliebig als eine *Technik* gedacht werden könne, die – gänzlich unideologisch – gar keine Voraussetzungen macht.[57] Die dritte, für ein liberales Demokratie-, Gesellschafts- und Rechtsverständnis vielleicht ausschlaggebende Alternative kommt so aber nicht in den Blick: dass nämlich individuelle Freiheit als soziale Tatsache vorausgesetzt und *zugleich* im Recht (und durch die staatlichen Institutionen) zur Geltung gebracht wird. Diese Dynamik oder Dialektik der Freiheit verweist – anders als Kelsen annahm – auf eine für Staat, Gesellschaft und Individuum nicht auflösbare, sondern nur zu gestaltende Spannung. Moderne Individuen und mit ihnen moderne Demokratien können sich nur dann verwirklichen, wenn sie ihre sozialen und politischen Wurzeln nicht vergessen. Das heißt nicht, dass das Rechtliche durch das Politische ersetzt werden kann, wie umgekehrt das Politische nicht im Rechtlichen aufgeht. Moderne Gemeinwesen können nur dann auf dauerhafte Legitimation hoffen, wenn sie einer Infrastruktur der Freiheit den Vorzug geben, die Herrschaft und Teilhabe, Recht und Politik in ein *nicht-hegemoniales* Verhältnis setzt. Was damit gemeint ist, sei am Ende wenigstens kurz skizziert.

3 Urteilskraft und Gemeinsinn, Selbstregierung und Rechtsform

Überblickt man das bisher Gesagte, so können wir Folgendes festhalten: In den verschiedenen Konzeptionen von Demokratie, Volk und Volkssouveränität bildet sich jeweils ein bestimmtes Verhältnis von Staat und Gesellschaft, von Recht bzw. Rechtsform und politischer Sphäre ab. Wie gesehen, hat das eine dominante oder hegemoniale Bedeutung der einen oder der anderen Sphäre zur Folge. Kelsens Position ist deshalb interessant, weil er die bürokratischen Organisationsstrukturen, die hochkomplexen Willensbildungs- und Willensvermittlungsprozeduren demokratischer Ordnungen ernst nimmt und die damit einhergehenden Spannungen offenlegt. Allerdings entdramatisiert Kelsen diese Spannungen, indem er

57 *Kelsen*, Reine Rechtslehre, 1934, S. 61.

sie in der selbstreferentiellen Rechtsform zum Verschwinden bringt. Kelsens Demokratie ist eine *Zweiweltendemokratie*, eine Demokratie der sozialen Realität und eine des Rechts.

Ein nicht-hegemoniales Verständnis von Recht und Politik ist die Voraussetzung dafür, dass, um es mit den Worten von Christoph Möllers zu sagen, die Versprechen und die Zumutungen der Demokratie plausibilisiert werden können.[58] Anders als in Möllers' Konzeption soll aber den Praktiken der *Urteilskraft* größere Beachtung geschenkt werden. Urteilskraft ist spätestens seit Kant Ausdruck für ein epistemisches Vermögen, das die Leistung der Vernunft betont, den Hiatus zwischen einer allgemeinen Einsicht und der Anwendung im konkreten Fall überwinden zu können. Urteilskraft bezeichnet insofern eine *schöpferische Orientierungs- und Entscheidungskompetenz.* Kant hat Urteilskraft bekanntermaßen in einem zweifachen Sinne konzeptualisiert.[59] Er schreibt:

> „Urteilskraft überhaupt ist das Vermögen, das Besondere als enthalten unter dem Allgemeinen zu denken. Ist das Allgemeine (...das Gesetz) gegeben, so ist die Urteilskraft, welche das Besondere darunter subsumiert ... *bestimmend.* Ist aber nur das Besondere gegeben, wozu sie das Allgemeine finden soll, so ist die Urteilskraft bloß *reflektierend.*"[60]

Hatte Kant dieses Orientierungs- und Entscheidungskompetenz, noch weitgehend im Kontext der Ästhetik (d. h. des Geschmacksurteils) verortet, so gelingt es mit Hannah Arendt, der Urteilskraft im Rahmen des Politischen eine neue und zentrale Bedeutung zu verleihen.[61] Politische Urteilskraft als schöpferische Orientierungs- und Entscheidungskompetenz bezieht sich insofern auf das gesamte soziale Feld, auf die Gesellschaft mit ihren gewordenen und sich ständig verändernden Strukturen. Urteilskraft soll, wenn man so will, eine gleichermaßen sinnliche und normative *Offenheit*, eine *Dynamik* und *Verlässlichkeit* menschlichen Zusammenlebens ermöglichen. Um Funktion und Anwendungsbereich politischer Urteilskraft genauer bestimmen zu können, führt Arendt eine gerade

---

58 *Möllers*, Demokratie (Fn. 22); zur politisch-philosophischen Perspektive *Münkler/ Bluhm* (Hrsg.), Gemeinwohl und Gemeinsinn, 2002.

59 *Kant*, Kritik der Urteilskraft, in: Gesammelte Werke, Akademieausgabe, Band V, 1968, AA V.

60 *Kant*, Kritik der Urteilskraft (Fn. 59), S. 179.

61 *Arendt*, Das Urteilen. Texte zu Kants politischer Philosophie, 1985; *Arendt*, Was ist Politik? Fragmente aus dem Nachlass, 1993. Eine Beschäftigung mit der Genealogie, dem Begriffswandel und der Funktion von Urteilskraft müsste auch den Diskurs in der praktischen, in der Moral- und Rechtsphilosophie, aber auch die Wechselwirkungen genauer betrachten, vgl. etwa *Vismann,/ Weitin*, (Hrsg.), Urteilen-Entscheiden, 2006. Sie hätte dann durchaus kontroverse Positionen einzubeziehen, man denke nur an Hegel und Nietzsche, Schmitt und Agamben oder an Derrida und Menke.

auch für moderne Demokratietheorien interessante Unterscheidung ein: Nachdem sie unter Rückgriff auf Aristoteles betont, dass wir uns im umfassendsten Sinne als politische Wesen verstehen sollten, die sich deshalb auch für die Angelegenheiten des Gemeinwesens interessierten, verweist Arendt auf die Semantik und die Wechselwirkung von Urteil und Vorurteil (Vor-Urteil).

> „Das Wort Urteilen hat in unserem Sprachgebrauch zwei durchaus voneinander zu scheidende Bedeutungen, die uns doch, wenn wir sprechen, immer durcheinander gehen. Es meint einmal das ordnende Subsumieren des Einzelnen und Partikularen unter etwas Allgemeines und Universales, das regelnde Messen mit Maßstäben, an denen sich das Konkrete auszuweisen hat und an denen über es entschieden wird [...]. Urteilen kann aber auch etwas ganz anderes meinen, und zwar immer dann, wenn wir mit etwas konfrontiert werden, was wir noch nie gesehen haben und wofür uns keinerlei Maßstäbe zur Verfügung stehen. Dies Urteilen, das maßstabslos ist, kann sich auf nichts berufen als die Evidenz des Geurteilten selbst, und es hat keine anderen Voraussetzungen als die menschliche Fähigkeit der Urteilskraft, die mit der Fähigkeit zu unterscheiden sehr viel mehr zu tun hat als mit der Fähigkeit zu ordnen und zu subsumieren.“[62]

Nun lässt sich nicht übersehen, dass Hannah Arendts besonderes Augenmerk auf dem „eigentlichen“ Urteilen liegt. Denn es sind die Praktiken des schöpferischen Handelns und Gestaltens, die auch den gesamten Bereich des menschlichen Zusammenlebens in Bewegung bringen, während das Vorurteil in erster Linie stabilisiert. Mit anderen Worten, das Schöpferische bringt Neues hervor, das Ordnende konserviert. Aber Arendt spielt die beiden Urteilsformen keineswegs gegeneinander aus. Ganz im Gegenteil, ihr ist völlig klar, dass Vorurteile innerhalb moderner Gesellschaften unumgänglich sind. Sie schreibt:

> „Daß Vorurteile eine so außerordentlich große Rolle im alltäglichen Leben und damit in der Politik spielen, braucht man an sich nicht zu beklagen, und man sollte auf keinen Fall versuchen, es zu ändern. Denn ohne Vorurteile kann kein Mensch leben, und zwar nicht nur, weil keines Menschen Klugheit oder Einsicht dazu ausreichen würde, all das neu zu beurteilen, worüber ihm ein Urteil im Laufe seines Lebens abverlangt wird, sondern weil eine solche Vorurteilslosigkeit eine übermenschliche Wachheit erfordern würde.“[63]

Aber nicht nur das: Es gehört zu seinen hervorragendsten Eigenschaften, dass an ihm Menschen sich erkennten und zugehörig fühlten, sodass der in Vorurteilen befangene Mensch sich eigentlich immer einer Wirkung gewiss sein könne. Letztlich sei keine Gesellschaftsbildung vorstellbar, die nicht mehr oder minder auf den Vorurteilen beruhe. Das „eigentliche“ oder „ursprüngliche“ Urteil ist für

62 *Arendt*, Was ist Politik? (Fn. 61), S. 20.
63 *Arendt*, Was ist Politik? (Fn. 61), S. 17.

Arendt nicht der absolute Gegenentwurf. Vielmehr ermöglichten diese Urteilskulturen ein freies gerechtes Handeln in einer auch normativ hoch ausdifferenzierten Moderne; in Gesellschaften, deren tradierte Vorurteile nicht mehr selbstverständlich seien, deren Leitunterscheidungen, die bisher als Maßstab des Ordnens und Konservierens dienten, partiell oder temporär versagten. Ein Urteil darüber, was die Grundregeln des sozialen Lebens sein sollten, sei aber, so Arendt, den Menschen zumutbar; das gelte selbst dann, wenn, wie in der Welt Kafkas, „die Normalität offenbar zu einer Ausnahme geworden ist".[64] Arendt stemmt sich gegen einen selbstgefälligen Nihilismus, gegen eine Entwertung aller Werte mit einer Haltung, die sie „Denken ohne Geländer" („thinking without bannister") nennt.[65] Um diesem Denken und Handeln dennoch eine *regelgeleitete Form* zu geben, setzt Arendt auf das, was Kant als *sensus communis* bezeichnet hatte. Mobilisiert wird damit ein Beurteilungsvermögen,

> „welches in seiner Reflexion auf die Vorstellungsart jedes andern in Gedanken [...] Rücksicht nimmt, um gleichsam an die gesamte Menschenvernunft sein Urteil zu halten [...]. Dieses geschieht nun dadurch, daß man sein Urteil an anderer, nicht sowohl wirkliche, als vielmehr bloß mögliche Urteile hält, und sich in die Stelle jedes andern versetzt, indem man [...] von den Beschränkungen, die unserer eigenen Beurteilung zufälliger Weise anhängen, abstrahiert".[66]

Dieser so begründete *sensus communis* ist keineswegs mit einem wie auch immer verstandenen *common sense* identisch. Er ist in gewisser Weise sogar das Gegenteil: Es geht nicht darum, dem Vorurteil (der Macht akzeptierter Mehrheitsmeinungen) per se den Status eines reflektierten Allgemeinurteils zuzusprechen. Der *sensus communis* ist für Arendt vielmehr eine Art sozialer Einbildungskraft, ein „Sondersinn, der uns in die Gemeinschaft einfügt [...], weil die Kommunikation, d.h. die Sprache, von ihm abhängt."[67] Mit dieser Rekonstruktion der Ur-

64 *Arendt*, Franz Kafka: Der Mensch mit dem guten Willen, in: *dies.*, Die verborgene Tradition. Essays, 1976, S. 68 (75).

65 *Arendt*, Ich will verstehen. Selbstauskünfte zu Leben und Werk, hrsg. v. Ursula Ludz, 2005, S. 113.

66 *Kant*, Kritik der Urteilskraft (Fn. 59), AA V 295.

67 *Arendt*, Was ist Politik? (Fn. 61), S. 94. Zum Vergleich die Formulierung Kants aus der Kritik der Urteilskraft: „Hier ist nicht die Rede vom Vermögen des Erkenntnisses, sondern von der Denkungsart, einen zweckmäßigen Gebrauch davon zu machen: welche, so klein auch der Umfang und der Grad sei, wohin die Naturgabe des Menschen reicht, dennoch einen Mann von erweiterter Denkungsart anzeigt, wenn er sich über die subjektiven Privatbedingungen des Urteils, wozwischen so viele andere wie eingeklammert sind, wegsetzen, und aus einem allgemeinen Standpunkte (den er dadurch nur bestimmen kann, daß er sich in den Standpunkt anderer versetzt) über sein eigenes Urteil reflektiert." *Kant*, Kritik der Urteilskraft (Fn. 59) AA V, 295.

teilskraft in der Semantik von Vorurteil und Urteil verweist Arendt nicht nur auf die Offenheit und Dynamik politischer Selbstversicherung. Sie zeigt auch, dass diese Praktiken des Urteilens einander bedingen, vorsichtiger formuliert, dass sie wechselseitig aufeinander bezogen sind.

Arendts Konzept ließe sich in verschiedener Weise fortentwickeln. An zwei Problemfeldern können wir aber zeigen, wie es für moderne Demokratietheorien fruchtbar gemacht werden kann: Zum einen verortet Arendt das Konzept der (politischen) Urteilskraft in einem Theorie-Praxis-Modell, in dem die monologische Erkenntnis – die Reflexionsfähigkeit des Subjekts – dem praktisch-politischen Handeln vorgeordnet wird. Zum anderen setzt sich Arendt kaum mit den institutionellen Rahmungen der politischen Urteilskraft auseinander. Ein Primat (monologischer) Erkenntnis vor der Praxis entspricht aber genauso wenig der Performativität politischer Selbstversicherung, wie die Vernachlässigung gängiger Infrastrukturen dem Selbstverständnis hoch ausdifferenzierter Gemeinwesen.

Nehmen wir als Erstes das Performativitätsargument: Arendt insistiert zu Recht darauf, dass wir mit der politischen Urteilskraft über eine Kompetenz verfügen, die uns Orientierung und Entscheidungskraft in Fragen des Politischen ermöglicht. Diese Kompetenz ist aber nur zu verstehen, wenn wir die konkrete praktische Einbettung jedes gesellschaftsbezogenen Denkens betonen. Jedes Denken vollzieht sich durch und innerhalb der vorfindlichen Umweltbedingungen; eingebunden in den Erfahrungshorizont und die grundsätzlich anerkannten Verhaltenskulturen der Akteure (was wir spätestens seit Dewey wissen). Genau darauf insistiert Arendt letztlich auch, wenn sie die Sozialität der Urteilspraktiken und gleichzeitig die enge Bindung an Kommunikation und Sprache betont. In der Sache geht es um den *inferentiellen* Kern der Urteilkraft, d. h. um die prozedurale und allgemein kontrollierte Anwendung von handlungsleitenden Begriffen. Die Rede von politischer Urteilskraft in ihrer performativen Struktur bezieht sich so aber immer schon auf Kommunikations- und Urteils*gemeinschaften*. Diese Kommunikations- und Urteilsgemeinschaften, das ist das zweite, das *Institutionen- oder Infrastrukturargument*, können in modernen Ordnungen in unterschiedlicher Form in Erscheinung treten. Arendt verbindet offenbar mit dem Begriff des Vorurteils so etwas wie konventionell-ordnungserhaltende oder eben institutionelle Netzwerke. Aber das bleibt doch sehr vage.[68] Urteilskraft in Gestalt von Kommunikations- und Urteilsgemeinschaften ist gerade dadurch gekennzeichnet, dass sie verschiedene institutionelle Formen und Funktionen annehmen kann,

68 Arendts Konzept der politischen Urteilskraft, insbesondere des „ursprünglichen Urteils" im Verhältnis zum konventionellen, ist ganz offensichtlich durch die katastrophischen Erfahrungen des 20. Jahrhunderts geprägt. Eine Aktualisierung dieser Konzeption muss die Ordnungsmuster gegenwärtiger demokratischer Ordnungen und ihre Dynamiken einrechnen.

gesellschaftliche oder staatliche, soziale und rechtliche, erwähnt seien nur Nichtregierungsorganisationen, gemeinnützige Vereine, Parteien, das Parlament usw. Das Entscheidende ist jedoch, dass Urteilskraft, ob institutionalisiert oder nicht, keineswegs auf *eine* Form festgelegt ist. Wenn Urteilskraft und Urteilsgemeinschaften eminenter Ausdruck politischer Selbstversicherung sind, dann können sie auch ihre Formen und ihre Funktion verändern: Sie können aus bestimmten institutionellen Formen herauswachsen oder sich herauskämpfen oder sich (aus welchen Gründen auch immer) institutionalisieren. So oder so geht es um die Erzeugung und Reproduktion von Sinn (Konzepte von Freiheit, Gleichheit, Teilhabe etc.), von Kohärenz durch die Mobilisierung eines *politisch Imaginären* (einer demokratischen idée directrice).

Sehen können wir nun auch, wie sich dieses Projekt einer politischen Urteilskraft, von Urteils- und Kommunikationsgemeinschaften in das Setting von Volk, Volkssouveränität und Repräsentation einfügt. Ansetzen können wir bei der herkömmlichen Vorstellung des demokratisch verfassten Volkes. Das Volk als verfassungsrechtliche Größe trägt dem Umstand Rechnung, dass moderne liberale Demokratien in Rechtsformen organisiert sind und über das Medium des Rechts Freiheit, Herrschaft und Regierung begründen. Den Rechtsstaats- und Souveränitätskonzepten ist insofern zuzugeben, dass damit – soweit man Recht nicht grundsätzlich ablehnt – ein Prinzip aufgerufen wird, das nicht nur Partikularität, sondern Allgemeinheit kollektiver Interessen zu denken und zu organisieren in der Lage ist. Welche Dynamiken und Friktionen dieses Legitimationskalkül mit sich bringt, etwa in Gestalt der Wahlen, der Repräsentation oder auch durch die Eigenlogik eines selbstreferentiellen und mit genereller Verbindlichkeit operierenden Rechts, haben verschiedene theoretische Positionen demonstriert (siehe dazu die Diskussion unter 1.). Wahlen schließen das Mehrheitsprinzip mit der Idee des Gemeinwillens kurz, die „klassische" Repräsentation beschränkt sich auf ein Delegationsprinzip an das Parlament (ohne die starke Stellung der Exekutive zu berücksichtigen) und der Geltungsprimat des positiven Verfassungsrechts versucht die Staatsgewalten- und Herrschaftsausübungsstruktur normativ zu sanktionieren.

Reformuliert man das Volkskonzept im Sinne der oben eingeführten Urteils- und Kommunikationsgemeinschaft, dann verschwinden zwar die Probleme nicht, aber man kann sie anders angehen: Klar wird zunächst, dass das Volk viel dynamischer gedacht werden kann als das vor allem von juridischer Seite unterstellt wird. Als Urteils- und Kommunikationsgemeinschaft ist das Volk einerseits Objekt (Effekt) des Rechts und der Verfassung, andererseits wird unter der Chiffre Volk ein politisches Urteilsvermögen – eine Kraft – in den Demokratie- und Verfassungsdiskurs eingespeist, das das Recht selbst in Bewegung setzt. Wir sollten das nicht so verstehen, dass sich dann immer normative und empirische Konzepte gegenüberstehen (das scheint aber die Annahme in der Populismus-Debatte zu sein). Die Politisierungstendenzen, die wir in der Gegenwart beobachten können, verbinden häufig beide Dimensionen, d. h. sie sind auch mit einer normativen Idee der Zivilgesellschaft verbunden (z. B. in Form einer expliziten Kritik an bestehenden Demokratiebedingungen; was nichts darüber aussagt, mit welcher Ideologie sie das verknüpfen).

Wir haben es demnach mit einem Volkskonzept zu tun, das gesellschaftlich eingebettet, normativ und dynamisch, heterogen und plural und wenn man so will selbstreflexiv ist. Volk verweist auf die Idee der Selbstregierung und kollektiver Selbstverantwortung, weshalb es auch ein Missverständnis ist, es mit einer *Metaphysik des Vorpolitischen* in Verbindung zu bringen, d. h. mit einer Hegemonie von Blut und Boden, von Natur oder Geschichte usw. Politische und rechtliche, nicht-institutionalisierte und institutionalisierte Urteilspraktiken können sich in dem genannten Volkskonzept zu einem Kommunikations- und Handlungs*komplex* verdichten. Das dürfte vor allem dann von Bedeutung sein, wenn man die Frage der Volkssouveränität und Repräsentation einbezieht. Volkssouveränität und Repräsentation in Form von Wahlen und der Mandatsübertragung an das Parlament bezeichnen nach wie vor wichtige Bestandteile demokratischer Herrschaft und Herrschaftsausübungsverantwortung. Aber darin erschöpfen sie sich nicht. Rosanvallon spricht von erweiternden *kognitiven* und *expressiven* Dimensionen, um darauf aufmerksam zu machen, dass die Gestaltung des Sozialen, der Verfassung und des Politischen, nicht nur auf diesem strikt formalisierten Weg und unter der Aufsicht einer hierarchisch organisierten Bürokratie erfolgen sollte. Vielmehr kann die Verwirklichung von Partizipation, Deliberation und Repräsentation durch regionale, dezentrale oder temporäre Kommunikationsforen neu gestaltet und an die veränderten sozialen Verhältnisse angepasst werden.[69] Kurz: Es geht um die *Verflüssigung demokratischer Infrastrukturen* (Jaeggi/ Celikates). Denkbar sind eine stärkere Einbindung von Bürgerinitiativen, von Verbänden, Nichtregierungsorganisationen usw. in den Dialog mit Abgeordneten, aber auch mit Vertretern der Exekutive. Notwendig ist darüber hinaus die Ausweitung einer „demokratischen Öffentlichkeit" in die technisch-digitale Sphäre, in die Zonen der sozialen Medien, des Virtuellen und in die fluiden Welten der Aktanten.[70] Die Demokratie braucht nicht nur eine neue Agenda,

69 *Rosanvallon*, Wider alle Vereinfachung. Zur Demokratie im 21. Jahrhundert, Soziopolis. https://soziopolis.de/beobachten/politik/artikel/wider-alle-vereinfachung, 2017.

70 Dass wir nicht umhin kommen, diesen notwendigen Strukturwandel der Öffentlichkeit im 21. Jahrhundert zu denken und zu praktizieren, zeigt sich etwa an dem zunehmenden Einfluss von sog. *social bots* auf die öffentliche Kommunikation und Meinungsbildung, insbesondere auf die demokratischen Wahlen.

sondern auch eine *Agora für das 21. Jahrhundert.* Es bedarf einer neuen Aufmerksamkeit, einer umfassenden Berücksichtigung und einer intensiven Auseinandersetzung mit dem Urteil und der Urteilsmacht der demokratischen Akteure. Willens- und Meinungsbildung ist nichts, was nur in Wahlen kanalisiert werden kann. Sie reproduziert sich fortlaufend aus einem Prozess politisch diversifizierter Selbstversicherung heraus, iterativ, suchend, offen (treffend ist daher der Begriff einer demokratischen Netzwerkstruktur). Damit wird aber zugleich der Punkt deutlich, um den es geht: um eine neue Form gemeinsamer Sinnstiftung, um Inszenierungen des Symbolischen, die pluralen Gesellschaften entsprechen, mit anderen Worten, es geht um eine immer wieder zu erkämpfende demokratische Kultur, um das politisch Imaginäre eben.

Dieses Anliegen einer Präsenz des Volkes, einer permanenten Ermöglichung politischer Urteilskraft in den Infrastrukturen des Gemeinwesens hat aber noch eine andere Stoßrichtung. Stand in den Demokratien und Demokratietheorien der Moderne lange das Konzept volkssouveräner Herrschaft im Vordergrund, so rückt mehr und mehr die Frage des *Regierens* und *Regiertwerdens* in das Zentrum des Interesses (auf die Idee der Selbstregierung hatten wir bereits hingewiesen). Die besondere Stellung der Exekutive, die entweder durch die semantische Engführung zwischen Herrschaft und Regierung überdeckt oder – wie bei Kelsen – durch die Rückkopplung an das Parlament relativiert wird, stellt schon deshalb eine erhebliche Herausforderung dar, weil die Regierungsprozeduren, die alltägliche Verwaltung des Sozialen, den Einzelnen unmittelbar betreffen.[71] Wir können hier von Machtzentren, von Interventions- und Regulierungsarrangements sprechen. Gleichzeitig sind diese Prozeduren nur in mittelbarer Weise legitimiert. Will man daher eine effektive demokratische Kultur garantieren, dann kommt man nicht umhin, Kontrollinstanzen einzuführen, die das (verfassungsrechtlich gerahmte) exekutive Handeln an die politische Urteilskraft, an den allgemein geteilten Gemeinsinn zurückbinden. Dem kann etwa dadurch Rechnung getragen werden, dass eine neue *Ordnung der Responsivität* geschaffen wird. Vertreter der Exekutive sollten sich nicht nur im Parlament für ihr Handeln verantworten, sondern – je nach Gegenstand, Konflikt oder Betroffenheit – auch in kommunalen oder landeseigenen Ausschüssen Rede und Antwort stehen. Zudem kann auch über gesellschaftliche (horizontale) Verantwortungsszenarien nachgedacht werden, etwa im Rahmen von regelmäßigen Bürgeranhörungen. Ob darüber hinaus – wie nun Rosanvallon vorschlägt – auch zivilgesellschaftliche Ratingagenturen oder Beobachtungsstellen sinnvoll sind, deren Funktion vor allem darin bestünde, pro-

71 *Foucault*, Analytik der Macht, 2005.

blematisches Regierungshandeln öffentlich anzuzeigen und zu kontrollieren, sollte noch eingehender diskutiert werden.[72]

Überblickt man die hier vorgestellte Rekonstruktion demokratischer Legitimationssemantiken am Maßstab der politischen Urteilskraft, dann können wir erkennen, dass die häufige Gegenüberstellung von plebiszitärer und repräsentativer, von radikaler und bürgerlicher Demokratie, von Politisierung und Juridifizierung Scheinalternativen darstellen. Damit ist nicht gesagt, dass es in bestimmten Situationen oder in Bezug auf konkrete Entwicklungen gute Gründe geben kann, einzelne Interessen stärker zu gewichten (gerade für das Anliegen der Demokratisierung Europas ist diese Frage virulent). Fest steht aber ebenso: Rechtsform und politische Urteilskraft sind zwei Seiten ein und derselben Medaille. Ein funktionierendes demokratisches Gemeinwesen ist immer ein Experiment, nämlich ein *Experiment der Freiheit.* Insofern bleibt es anfällig für Regressionen, Pathologien und Perversionen. Das ist zugegebenermaßen keine neue Einsicht. Die daraus erwachsende Fragilität wird sich nicht grundlegend ändern lassen. Aber das ist auch nicht der Punkt. Ausschlaggebend ist, wie wir als Teilnehmer und Garanten einer freien Kommunikations- und Urteilsgemeinschaft damit umgehen.

Die Rede von der totemistischen Maske der Demokratie ist eine Metapher für ein Demokratieverständnis, das der Legitimationsfrage nicht aus dem Wege geht. Kelsens scharfsinnige Analyse kann auch heute noch helfen, die damit einhergehenden Versprechen, die Zumutungen und die Begründungslasten klarer zu sehen. Dass die Antworten Kelsens nicht unbedingt die unsrigen sind, kann man durchaus konzedieren, ohne aber zu verschweigen, dass die demokratische Frage, die Frage danach, was wir unter Volk, Volkssouveränität und Repräsentation verstehen und welche Funktionen die Begriffe in einem freien Gemeinwesen übernehmen können, nicht weniger umstritten ist als zu seinen Zeiten. Das ist Aufgabe genug.

---

72 *Rosanvallon*, Die Gegen-Demokratie (Fn. 5), S. 273.

Klaus Günther

Pays réel, pays légal, patria naturae, patria iuris.

Vom Sinn und Unsinn einer begriffspolitischen Unterscheidung

Unter den vielen aktuellen Versuchen, mit den Begriffen des Volkes und der Nation eine Abkehr vom Multilateralismus und eine Rückkehr zu einer primär oder gar exklusiv an nationalen Interessen orientierten Politik und Gesetzgebung zu rechtfertigen, wird explizit oder noch häufiger implizit eine Unterscheidung wiederbelebt, die ihrerseits eine lange Geschichte hat. Die eine Seite dieser Unterscheidung wird mit dem Begriff des Volkes besetzt, regelmäßig jedoch ergänzt um Adjektive wie „das wahre" oder „das wirkliche". Im Englischen finden sich Ausdrücke wie „real people" oder „real country", im Französischen wird nicht selten der Begriff „pays réel" verwendet. Dass die Bedürfnisse und Interessen des wahren oder wirklichen Volkes von den parlamentarischen Systemen und Regierungen des westlichen Liberalismus verkannt würden, dass der von diesen vorangetriebene Multilateralismus, Globalisierung sowie die kontinuierliche Erweiterung von Gleichheitsrechten durch Gesetzgebung und Rechtsprechung nur den ökonomischen und kulturellen Interessen einer kleinen globalen Elite und von linken Intellektuellen und Feministinnen dienen würde, während sich um das Schicksal der vermeintlichen Bevölkerungsmehrheit zuhause niemand mehr kümmern würde, ist inzwischen zur gängigen Rechtfertigung für den Wahlsieg Trumps in den USA, für den Brexit und für die politischen Agenden sowohl rechtspopulistischer Strömungen in Europa als auch für die Popagandisten „illiberaler Demokratien" geworden. Gleichzeitig glauben viele aber auch, dass man diese Phänomene damit auch hinreichend erklären könne.

Auf der entgegengesetzten Seite finden sich dann entsprechend häufig Ausdrücke wie „das System" oder, auf dessen repräsentative Akteure bezogen, die kulturelle oder globale „Elite", die zumeist einem linksliberalen Milieu zugerechnet wird. Im Französischen wird für die Entgegensetzung der Begriff des „pays légal" gebraucht, im Englischen entsprechend „legal country." Die französische Prägung offenbart freilich einen Bedeutungsaspekt, der im Deutschen verdeckt bleibt: Das „wahre" Volk scheint eines zu sein, das sich aus anderen Faktoren bildet und integriert als denen des Rechts. Es opponiert, wenn nicht dem Recht im Ganzen, so doch einer bestimmten Form des Rechts, wie sie im modernen bürokratischen Verfassungsstaat mit seinen abstrakten und generellen Formen und Verfahren Gestalt gewonnen hat. Nur wenn das Recht an eine außerrechtliche Substanz gebunden sei, sei es die christliche Religion oder eine his-

https://doi.org/10.1515/9783110599510-005

torisch gewachsene, in einer gemeinsamen Sprache sich artikulierende Kultur, welche durch das Recht manifestiert und realisiert werde, gehöre es zum pays réel. Dieses Recht einer vermeintlichen Mehrheit, in dem deren behauptete kollektive Lebensform adäquat zum Ausdruck komme oder im Wege direkter Demokratie mit weitreichenden exekutiven Durchsetzungsbefugnissen kommen sollte, wird dann dem konstitutionellen System parlamentarischer Gesetzgebungsverfahren mit verfassungs- und verwaltungsgerichtlicher Kontrolle unter der Herrschaft von Grund- und Menschenrechten kritisch gegenübergestellt. In dem Maße, wie diese Rechte den unmittelbar sich artikulierenden Mehrheitswillen beschränken, werden sie als hyper-individualistische und moralisierende Werkzeuge von Minderheiten gedeutet, um ihre partikularen Bedürfnisse auf Kosten und im Konflikt mit der Lebensform des pays réel ausleben zu können.[1]

1

Zu einem begriffspolitischen Instrument wurde das Gegensatzpaar vor allem geprägt durch Charles Mauras, der 1899 die Bewegung der *Action francaise* ins Leben gerufen hatte. [2] Zusammen mit ihrem Parteiverband *Camelots du Roi* propagierte sie „einen integralen Rechtsnationalismus (...), (forderte) die Rückbesinnung auf das monarchistische Erbe Frankreichs und (diffamierte) Freimaurer, Juden und Protestanten.“[3] Damit aktualisierte und intensivierte sie den Gegensatz zwischen Monarchisten und Republikanern, Katholiken und Protestanten, also die nie völlig erlahmten Bestrebungen einer Revision der Ideen von 1789 und einer Wiederherstellung des bourbonischen, als einzig legitim angesehenen sakralen Königtums. Aus dieser Akzentuierung ergibt sich bereits ein Bedeutungsaspekt des pays légal – es steht für die mit der Revolution von 1789 eingeleitete Abschaffung der feudalen Ständegesellschaft und ihre Ersetzung durch eine auf die Prinzipien der Freiheit, Gleichheit und Brüderlichkeit gegründete säkulare und konstitutionelle Monarchie bzw. Republik. Nach der Einschätzung Bauerkämpers blieb die Bedeutung dieser Bewegung eher gering, weil sie spätestens in den

1 *Mathieu*, Le droit contre la démocratie?, 2017; vgl. auch seine Deutung der Protestbewegung der *gilets jaunes: Mathieu*, De quoi le mouvement des „gilets jaunes“ est le révélateur?, 3 Décembre 2018, http://www.bertrandmathieu.fr/2018/12/de-quoi-le-mouvement-des-gilets-jaunes-est-le-revelateur.html, letzter Zugriff 17. September 2019.

2 *Bauerkämper*, Der Faschismus in Europa 1918 – 1945, 2006, S. 90 u. 105. Nähere Informationen zu Maurras, zur Action francaise und ihren Hintergründen finden sich in der frühen Studie von *Nolte*, Der Faschismus in seiner Epoche, 1984 (5. Aufl. 2004), S. 91 ff.

3 *Bauerkämper*, Der Faschismus in Europa (Fn. 2), S. 105.

zwanziger Jahren des 20. Jahrhunderts von anderen Konflikten und ideologischen Kämpfen überlagert wurde, vor allem derjenigen zwischen faschistischen und kommunistischen Strömungen. Dennoch blieb die Semantik erhalten und wirkte fort, übersprang sogar die sog. Erbfeindschaft zwischen Frankreich und Deutschland, die noch den Hintergrund der *Action francaise* gebildet hatte. „Le pays réel" wurde der Name einer 1936 bis 1945 erschienenen Zeitschrift des belgischen *Mouvement Rexiste*, das ein Teil der faschistischen Bewegung im wallonischen Belgien wurde. Sein Gründer war Léon Degrelle, der ab 1941 zunächst als Offizier in der Wallonischen Legion der deutschen Wehrmacht, dann in der Waffen-SS und am Ende als hochrangiger SS-Offizier sich an den Verbrechen der Deutschen im Zweiten Weltkrieg beteiligte.[4] Die Distanz des Faschismus zur katholischen Kirche verhinderte nicht, dass eine katholische Restauration Teil des Bedeutungsgehalts blieb – bis in heutige Internetforen, in denen unter Berufung auf Charles Maurras (dessen Schriften von Papst Pius XI. 1926 auf den Index gesetzt wurden) das begriffspolitische Gegensatzpaar verwendet wird für die Kritik an einer liberalistischen kulturellen Moderne.[5]

Eine fast schon abenteuerlich zu nennende Rezeption erlebt das Begriffspaar nach 1945 bei Carl Schmitt. Während des Prozesses gegen den ehemaligen Staatssekretär des Auswärtigen Amtes, Ernst von Weizsäcker, in Nürnberg 1947 wird der dort zur gleichen Zeit ebenfalls inhaftierte Carl Schmitt vom Chefankläger des Nürnberger Tribunals, Robert W. Kempner als Zeuge befragt. Er überreicht ihm eine Schrift, in der er die Frage beantwortet, „Warum sind die Staatsekretäre Hitler gefolgt?".[6] Für seine Antwort bemüht er die Unterscheidung zwischen pays réel und pays légal, ohne jedoch ihren Urheber Charles Maurras zu nennen.[7] Vielmehr führt er sie auf die Kämpfe zwischen Legitimisten und Republikanern im Frankreich des 19. Jahrhunderts zurück und zitiert lediglich Louis Napoléon mit der 1848 geäußerten Aufforderung, „die Legalität zu verlassen, um wieder zu einem Recht zu gelangen."[8] Unmittelbar im Anschluss daran stellt er

---

4 Was nicht der besonderen Erwähnung bedürfte, wenn er nicht durch seine steile SS-Karriere, seine persönliche Nähe zu Hitler und seine abenteuerliche Flucht von Oslo ins Spanien Francos am 7.5. 1945 zu einer fast schon mythischen Figur geworden wäre, die sowohl zum Gegenstand der Analyse des faschistischen Männer-Typus in *Klaus Theweleits* berühmten Buch „Männerphantasien" (1977/78) wurde als auch zu einem der Vorbilder für den Protagonisten in *Jonathan Littells* umstrittenen Roman „Die Wohlgesinnten" (2009). Vgl. dazu *Littell*, Das Trockene und das Feuchte. Kurzer Einfall in faschistisches Gelände, 2009.

5 Vgl. z. B. https://catholicism.org/dalzon-potter.html, letzter Zugriff 3. September 2019.

6 So Schmitts Selbstauskunft in: *C. Schmitt*, Das Problem der Legalität (1950), in: *ders.*, Verfassungsrechtliche Aufsätze, 2. Aufl. 1973, S. 448.

7 *C. Schmitt*, Das Problem der Legalität (Fn. 6), S. 445.

8 Ebd., S. 445.

fest: „Seit etwa 1900 spricht die Opposition in Frankreich von einem „pays légal", dem gegenüber sie ein „pays réel" vertrete."[9] Dabei lässt er offen, um welche Art von Opposition mit welcher politischen Agenda es sich handelt. Schmitt spiegelt das Begriffspaar in der Unterscheidung zwischen Legalität und Legitimität, mit der Folge, dass die Legalität in ein zwiespältiges, wenn nicht sogar ausgesprochen schlechtes Licht gerät. In Frankreich seien „die schärfsten Formulierungen einer rein formalistisch-funktionalen Legalität als Gegensatz gegen das substanzhafte Recht und die geschichtliche Legitimität entstanden." Die Legalität ist für Schmitt die Funktionsweise der modernen Bürokratie, welcher juristisch der Positivismus entspreche, als bloße effektive Rechtssetzung und -durchsetzung ohne Frage nach ihrer Rechtmäßigkeit i. S. der Legitimität. Schmitt scheut auch nicht davor zurück, die katholische Semantik wieder aufzunehmen: „Diese Verwandlung des Rechts in Legalität ist eine Konsequenz des Positivismus. Sie ist unvermeidlich, sobald ein politisches Gemeinwesen sich von der Kirche entfernt."[10] Auch eine soziologische Erklärung hält er bereit – dies sei „Teil der Entwicklung des industriell-technischen Zeitalters." Schließlich endet seine Darstellung in einer düsteren Vision: „Das furchtbare Bild, das sich durch eine restlose Funktionalisierung der Menschheit ergibt." Damit ist die Antwort auf Kempners Frage rhetorisch so weit vorbereitet, dass sie geradezu zwingend erscheint: Begriff und Praxis der Legalität seien der „Kern des Problems", „der Schlüssel zu einer Erkenntnis des Hitler-Regimes."[11] Was damit aufgeschlossen wird, ist die fatale Einsicht, dass ausgerechnet die ihrer Substanz entleerte, formal-funktionale Legalität Ursache und Grund für das Grauen gewesen sei: „Hitler hat sich der Legalität als seiner stärksten Waffe bedient. Die beiden Verlängerungen des Ermächtigungsgesetzes (...) erklären sich nur daraus, dass ihm die für ihn schicksalhafte Rolle der Legalität stets bewusst geblieben ist." [12] Damit ist für Schmitt auch hinreichend klar, warum die Staatssekretäre Hitler gefolgt sind.[13]

Freilich hätte schon die einfache Überlegung, warum weder in den USA noch in Großbritannien die Legalität und, vor allem, die als Menetekel der Moderne apostrophierte restlose Funktionalisierung der Menschheit, nicht in den Faschismus geführt haben, Zweifel an dieser Antwort hervorrufen müssen. Schmitt hat dies offenbar geahnt und wehrt den möglichen Einwand damit ab, dass in

9 Ebd., S. 445.

10 Ebd., S. 447.

11 Ebd., S. 443.

12 Ebd., S. 450.

13 Des gleichen Narrativs bediente sich dann auch Eichmann vor dem Tribunal in Jerusalem, indem er in die Rolle des einfältigen, gehorsamen Bürokraten schlüpfte.

diesen Ländern „die staatliche Bürokratie nicht oder noch nicht das Monopol der Erledigung öffentlicher Aufgaben" habe.[14]

Schmitt bedient sich also einer begrifflichen Unterscheidung, die von denjenigen in die Welt gesetzt worden war, die aus verschiedenen Motiven die Ideen von 1789 und namentlich den modernen, auf gleichen Freiheitsrechten basierenden, säkularen Staat als eine lebensfremde, abstrakte, formale und funktionale Rechtskonstruktion ohne Substanz und Verankerung im wirklichen Leben des Volkes bekämpften, um damit zu erklären, warum die höchsten Beamten des Nazi-Staates willfährig dem Regime gedient hätten. Schuld war der Legalismus, der letztlich in der Französischen Revolution wurzelt, obwohl es das erklärte Ziel der Nazis war, die Ideen von 1789 zurückzunehmen. In ihrer Struktur unterscheidet sich diese Argumentation nicht von der ebenfalls nach 1945 in Gang gesetzten und viele Jahrzehnte in Deutschland vorherrschenden, unglücklicherweise von Gustav Radbruch mit beförderten Legende, der juristische Positivismus habe die Juristen des Nazi-Regimes „wehrlos gemacht". Beide Legenden sind Symptome einer unmittelbar nach 1945 einsetzenden Vergangenheitspolitik, mit welcher die Gegner und Opfer des Nazismus zum Verursacher, wenn nicht gar zum eigentlichen Täter gemacht wurden. Grundiert wird diese Legende von der düsteren Vision einer planetarischen, schicksalhaften Gewalt der technisch-industriellen Moderne, der letztlich alle mehr oder weniger hilflos ausgeliefert seien.[15]

2

Aus diesem historischen Streifzug wird deutlich, dass das begriffliche Gegensatzpaar in das semantische Feld der vielfältigen konservativen Strömungen gehört, die sich im Gefolge der Französischen Revolution kritisch oder ablehnend zu deren Ideen verhalten. Es lässt sich daher problemlos mit ähnlichen Gegensatzpaaren assoziieren, die eine beherrschende Rolle in der konservativen politischen Rhetorik spielen: Das Natürliche gegen das Künstliche, Organismus und Körper gegen Mechanismus und Maschine, das Gewachsene gegen das Gemachte, Tradition gegen Invention, homogene kollektive Identität gegen Pluralismus und Individualismus, das Eigene gegen das Fremde, Gemeinschaft gegen Gesellschaft, Substanz gegen Funktion.[16]

---

14 *C. Schmitt*, Das Problem der Legalität (Fn. 6), S. 444.

15 Dieses Motiv für die Erklärung der Menschheitsverbrechen findet sich allenthalten, vgl. nur *Heidegger.*

16 Vgl. dazu *Puhle*, Protest, Parteien und Interventionsstaat, 2015, S. 50 – 65.

Blickt man jedoch noch weiter zurück, fällt auf, dass die beiden Begriffe ursprünglich nicht oder zumindest nicht ausschließlich in einem Gegensatzverhältnis standen. Diese Umwandlung scheint erst im Gefolge der Französischen Revolution im Zuge der Entwicklung des europäischen Nationalismus vollzogen worden zu sein. Vorher findet sich viel häufiger ein Komplementärverhältnis. Maßgeblich für diese Tradition war vermutlich eine Unterscheidung, die Cicero mit Blick auf das römische Staatsbürgerrecht formuliert hatte, das nicht nur an gebürtige Römer, sondern auch an Zugewanderte oder an Einwohner der von Rom eroberten Provinzen verliehen werden konnte. Damit wurden sie freie römische Bürger – was bekanntlich als ein Privileg (vor allem für Männer) galt – blieben aber zugleich ihrer jeweiligen Herkunftsregion verbunden. Cicero beschreibt dieses Verhältnis so, dass man als Römer zwei Vaterländern angehöre: Dem natürlichen oder lokalen, in das man gleichsam von Natur aus hineingeboren werde (*patria naturae*) und dem rechtlichen oder staatsbürgerlichen Vaterland (*patria iuris* oder *civitatis*). Die patria civitatis definiert Cicero folgendermaßen: „Eine Vielzahl von Menschen, die sich zusammenschließen, indem sie ein gemeinsames Recht anerkennen und ein gemeinsames Gut anstreben (*coetus multitudinis iuris consensu et utilitatis communione sociatus*)."[17] Damit wird deutlich, dass sich beide Vaterländer nicht ausschließen, sondern in einem Komplementärverhältnis stehen, so dass man stets zwei Vaterländern zugleich angehört. Dabei ist es freilich allein die patria civitatis, welche mit dem Bürgerrecht zugleich die Rechte und Pflichten eines (männlichen) Römers bestimmt, diese folgen allein aus den gemeinsamen Gesetzen und aus dem Gemeinwohl als Ergebnis der sozialen Kooperation, die man im Idealfall freiwillig eingeht, um, wie in der republikanischen Tradition seit Aristoteles üblich, das gute Leben auf der Grundlage gemeinsamer politischer Aktivität und den dadurch hervorgebrachten gemeinsamen Werten – den kollektiven Vorstellungen vom Guten und Schlechten, Nützlichen und Schädlichen, anzustreben. Während die patria naturae von Natur aus vorgeben ist, wenn man in sie hineingeboren wird, man sie also nicht durch eine freiwillige Entscheidung wählen kann, bedarf die patria civitatis des freiwilligen Zusammenschlusses, der sich in der Anerkennung gemeinsamer Gesetze sowie gemeinsamer Werte und Güter realisiert. Wer sich mit anderen zu einer patria civitatis zusammenschließt, ist vorgängig immer schon Bürger der patria naturae, aber erst als Bürger der patria civitatis vermag er seine Natur als politisches Wesen mit Rechten und Pflichten unter gemeinsamen Gesetzen zu realisieren.

Wie weit diese Tradition der Komplementarität zwischen pays légal und pays réel gereicht hat, lässt sich an zwei weiteren markanten historischen Stationen

---

17 *Cicero*, Der Staat: lat. u. dt., hrsg. u. übers. v. Büchner, 5. Aufl. 1993, Buch I, Rn. 39.

erkennen. So erläutert Kant in § 45 seiner *Metaphysik der Sitten* von 1797 die Idee des Staates:

> „Ein Staat (civitas) ist die Vereinigung einer Menge von Menschen unter Rechtsgesetzen.“[18] Politisch virulent und wirksam wurde diese Tradition freilich wenige Jahre zuvor in Frankreich. Es ist der Abbé Sieyès, der diese Unterscheidung in seiner berühmten Schrift *Was ist der Dritte Stand?* aus dem Jahre 1789 verwendet, um zu bestimmen, was eine Nation sei: „Was ist eine Nation? Eine Körperschaft von Gesellschaftern, die unter einem gemeinschaftlichen Gesetz leben und durch dieselbe gesetzgebende Versammlung repräsentiert werden usw. (Qu ‚est-ce qu‚une nation? Un corps d'associés vivant sous une loi commune et represénté par la meme legislature, etc.).“[19]

Auch für ihn wird eine Nation erst durch eine freiwillige Assoziation, einen Zusammenschluss unter ein gemeinschaftliches Gesetz konstituiert, ergänzt durch eine repräsentative gesetzgebende Versammlung, welche die gemeinsamen Gesetze erzeugt und in Kraft setzt.[20] Sieyès bestimmt den Begriff der Nation in Kenntnis der Tatsache, dass zugleich alle Franzosen in Regionen leben, denen sie durch Geburt und Herkunft angehören. Die Nation ist demgegenüber insofern etwas Künstliches, als sie erst durch den Zusammenschluss der in den verschiedenen Regionen lebenden Bevölkerung, erst durch ihre Assoziation, zustande kommt. Außerdem ist diese Assoziation insofern künstlich, als sie des Rechts zu ihrer Organisation bedarf – der gemeinsamen Gesetze und der repräsentativen Versammlung. Der entscheidende historische Vorgang, aus dem sie hervorgeht, ist die Verabschiedung der Dekrete in der Nacht des 4. auf den 5. August 1789 in der *Assemblée Nationale.* Auf Vorschlag des *Vicomte de Noailles* werden alle grundherrlichen Rechte, die Ämterkäuflichkeit, der Kirchenzehnte, die Zünfte und Innungen sowie die Privilegien von Provinzen und Einzelpersonen abgeschafft. Francois Furet interpretiert die Ereignisse dieser Nacht so:

> „In dieser Nacht zerbricht gewissermaßen eine durch viele Jahrhunderte geformte Rechts- und Gesellschaftsordnung, die sich aus einer Hierarchie voneinander isolierter und durch ihre Privilegien definierter Stände, Körperschaften und Gemeinwesen zusammensetzte. An ihre Stelle tritt ein Gesellschaftsgefüge, das als ein Zusammenschluss freier und gleicher Individuen aufgefasst wurde, die nur der allseitigen Autorität der Gesetze unterliegen.“[21] Vor allem die Abschaffung der Ämterkäuflichkeit und die damit einhergehende Gleichheit des

---

18 *Kant*, Die Metaphysik der Sitten (1797), 1990, S. 169.

19 *Sieyes*, Was ist der Dritte Stand? (1789), in: *ders.*, Politische Schriften 1788 – 1790, übers. v. *E. Schmitt* u. *R. Reichardt*, 2. Aufl. 1991, S. 124.

20 Vgl. zum Folgenden: *Günther*, Geteilte Souveränität, Nation und Rechtsgemeinschaft, in: Kritische Justiz 49, 2016/3, S. 321 – 337.

21 *Furet*, Die Nacht des 4. August, in: *ders./Ozouf* (Hrsg.), Kritisches Wörterbuch der französischen Revolution, Bd. 1, 1996, S. 146.

> Zugangs zu allen Ämtern sind nach Furet die entscheidenden Schritte: „Die Zulassung aller Bürger zu allen Ämtern besiegelt die Gleichheit der Individuen vor dem Gesetz – die Vorbedingung für ihren Zusammenschluss in einer Nation."[22]

Damit wird deutlich, dass der Zusammenschluss zu einer Assoziation von freien und gleichen Rechtsgenossen erst eine Nation hervorbringt. Die Nation ist also nicht das pays réel, sondern das pays légal, patria civitatis. Dies entspricht auch der historischen Entwicklung des modernen Nationalstaates. Die modernen Nationen sind ein künstliches Gebilde, das erst dadurch geschaffen wird, dass die Bevölkerungen verschiedener Regionen sich zusammenschließen und zunächst nicht mehr miteinander gemeinsam haben als gemeinsame Gesetze sowie eine gemeinsame – zumeist repräsentative – Gesetzgebung und, so ließe sich mit Cicero ergänzen, sich dabei an einem unter freien und gleichen StaatsbürgerInnen stets neu auszuhandelnden Konzept des Gemeinwohls orientieren. Andere potentielle Gemeinsamkeiten wie die Sprache oder kulturelle Traditionen sind keine notwendige Bedingung für die Existenz einer Nation. Freilich war dies nicht immer und zumeist eher selten der Entwicklungspfad zur Nationenbildung in Europa, zumeist geschah dies eher durch kriegerische Auseinandersetzungen wie in den deutschen Territorien des 19. Jahrhunderts oder durch gewaltsame Revolutionen. Doch lässt sich auch an diesem Weg erkennen, dass eine Nation nicht von vornherein quasi naturgegeben existiert, sondern erst künstlich geschaffen werden muss, notfalls durch Waffengewalt. „Keine Nation ist, wenn man das Wort im modernen Sinne versteht, ohne eine politische Mobilisierung der Massen entstanden; Nationen bestehen aus Staatsbürgern und bilden *politisch und rechtlich*, in diesem Sinne nicht mehr naturwüchsig, sondern *intentional* und *künstlich* integrierte Gemeinschaften."[23]

3

Diese ursprünglich selbstverständliche und problemlose Komplementarität von pays réel und pays légal, patria iuris und patria civitatis wird im Laufe des 19. Jahrhunderts in ein Gegensatzverhältnis umgedeutet, mit der Folge, dass die Nation zum pays réel wird, die aus einer vermeintlich homogenen, durch eine gemeinsame Sprache und Kultur (phasenweise dann auch durch eine vermeintliche „Rasse") gewachsenen kollektiven Identität besteht. Die Nation wandert

---

22 *Furet*, Die Nacht des 4. August (Fn. 21), S. 151.

23 *Habermas*, Zur Prinzipienkonkurrenz von Bürgergleichheit und Staatengleichheit im supranationalen Gemeinwesen, in: Der Staat 53 (2014), S. 167 (177).

gleichsam aus dem pays légal ins pays réel. Dabei verliert sie ihren artifiziellen Charakter mit den beiden Elementen des intentional vollzogenen Zusammenschlusses und ihrer rechtlichen Konstruktionsbedürftigkeit zugunsten einer vorgegebenen, quasi-natürlichen Substanz, aus welcher Recht, Staat und Verfassung allererst hervorgehen, und zwar als Manifestation und Ausdruck. Selbst Autoren, welche die Notwendigkeit eines Willens und Entschlusses für das Zustandekommen einer Nation voraussetzen, führen diesen zurück auf ein „politisches Sein“, das durch die politische Entscheidung die eigene „Art und Form“ bestimme.[24] Nation bezeichnet dann „das Volk als politisch-aktionsfähige Einheit mit dem Bewusstsein seiner politischen Besonderheit und dem Willen zur politischen Existenz.“[25] Von dieser vorrechtlichen, politisch-existentiellen Dezision, der keine Norm vorausliegen kann, ist die Verfassung durchdrungen, das Verfassungsgesetz „steht ganz unter der Voraussetzung und auf der Grundlage der in diesem Willen enthaltenen politischen Gesamtentscheidung.“[26] Das sich politisch-existentiell entscheidende Volk ist das pays réel.

Gleichviel, ob es die politisch-existentielle Entscheidung oder eine durch welche quasi-natürlichen Eigenschaften auch immer bestimmte Substanz ist – Verfassungs- und einfache Gesetzgebung erscheinen nur dann als legitim, wenn sie dies kontinuierlich zum Ausdruck bringen. Aus dieser Perspektive erscheint das pays légal als substanzloses Recht des seelenlosen, modernen, bürokratischen Anstaltsstaates mit dem Vorrang allgemeiner und gleicher Freiheitsreche, der den Kontakt zum vermeintlich wirklichen Volk verloren habe.

Diese Deutung unterschlägt freilich, dass die patria iuris ihrerseits normativ bestimmt ist, jedoch auf andere Weise als durch einen politisch-existentiellen Akt des Volkes oder durch substantielle Gemeinsamkeiten. Die Entscheidung, sich zu einer Nation im Sinne des pays légal zusammenzuschließen, bedarf, wenn sie mehr sein soll als ein autoritärer und usurpatorischer Akt, ihrerseits der Rechtfertigung. Diese Rechtfertigung wurde, das klingt in Abbé Sieyès Definition an, aus den natur- und vernunftrechtlichen Konzeptionen des Gesellschaftsvertrages bezogen, dann aber vor allem aus den Menschenrechten. In aller Deutlichkeit ausgesprochen findet sich diese rechtfertigende Beziehung in der Deklaration der Menschen- und Bürgerrechte, welche die Nationalversammlung drei Wochen nach der Entscheidung über die Abschaffung des Feudalismus und der Konstituierung als eine Nation von Freien und Gleichen, am 26. August 1789, verabschiedet. In Art. 2 der Erklärung heißt es: „Der Zweck jeder politischen Assozia-

---

24 *C. Schmitt*, Verfassungslehre, 5. Aufl. 1970, S. 76.
25 *C. Schmitt*, Verfassungslehre (Fn. 24), S. 79.
26 *C. Schmitt*, Verfassungslehre (Fn. 24), S. 76.

tion ist die Bewahrung der natürlichen und unaufhebbaren Menschenrechte. (Le but de toute association politique est la conservation des droits naturels et imprescriptibles de l'Homme)."

Dieser Rechtfertigungsgrund lässt erkennen, dass die Angehörigen eines pays réel, die sich zu einer Nation im Sinne eines pays légal zusammenschließen, dies nur deswegen tun, weil sie zugleich Bürger einer dritten Gemeinschaft sind, der kosmopolitischen Gemeinschaft der Menschenrechtssubjekte. Diese ist das eigentliche pays réel, weil die Menschenrechte jedem einzelnen mit der Geburt und unverlierbar gegeben sind, und sie ist das pays réel, das mit dem pays légal kongruent ist. Zur Gemeinschaft der Menschenrechtssubjekte kann man sich daher auch nicht assoziieren, denn jeder und jede einzelne ist immer schon Mitglied dieser Assoziation. Weil aber die kosmopolitische Gemeinschaft der Menschenrechtssubjekte aus kontingenten Gründen auf der Erde nicht als Ganze realisierbar ist, bedarf sie der pluralen und partiellen Verwirklichung in nationalen Verfassungsstaaten. Diese Nationen bilden sich durch eine Assoziation der Menschenrechtssubjekte, die sich eine nationale Verfassung geben zu dem vornehmlichen Zweck, ihre Menschenrechte gemeinsam unter den variierenden historischen, gesellschaftlichen, kulturellen, ökonomischen Bedingungen ihrer jeweiligen Zeit zu realisieren. Eine Nation ist dann gleichsam eine aus der kosmopolitischen Menschenrechtsgemeinschaft individuierte Gemeinschaft unter einer gemeinsamen Gesetzgebung. In der Selbstkonstituierung der *Assemblée Nationale* als *Assemblée Constituante* und mit dem allgemeinen Wahlrecht wird dann der performative Sinn dieses Zusammenschlusses in Gestalt der Souveränität des einen Volkes institutionalisiert. Die Nation ist dann eigentlich nichts anderes als der Träger der Assoziation von Menschenrechtsgenossen auf dem äußerlich abgegrenzten Territorium einer Bevölkerung und fungiert solcherart als Zurechnungssubjekt für die menschenrechtlich begründete Aufgabe, eine Verfassung mit Grundrechten und einer republikanisch-demokratischen Gesetzgebung zu deren Ausgestaltung zu schaffen.

Indem die begriffspolitische Entgegensetzung von pays réel und pays légal diesen Rechtfertigungszusammenhang kappt, kann sie das Recht für das pays réel vereinnahmen und das pays légal denunzieren. Die Kritik an diesem Manöver täte gut daran, sich weniger um eine Legitimität der Nähe zum vermeintlichen oder behaupteten wahren Willen des Volkes und seiner Forderung nach adäquater Artikulation in Form von Volksabstimmungen zu kümmern, sondern die Abhängigkeit der Nation von der kosmopolitischen Assoziation der Menschenrechtssubjekte als dem einzigen pays réel wieder wachzurufen.

Peter Niesen

Das Volk der verfassunggebenden Gewalt.

Von Föderationen zu multinationalen Staaten

Was macht das Volk zum Volk? In diesem Beitrag gehe ich der Frage in demokratietheoretischer Absicht nach, als einer Frage nach dem Subjekt, das die Autorität zur Selbstgesetzgebung besitzt. In der demokratischen Tradition von Emmanuel Sieyes bis Ingeborg Maus ist dies die Frage nach dem *pouvoir constituant*, der verfassunggebenden Gewalt desjenigen Kollektivs, auf das alle weiteren politischen und rechtlichen Zuständigkeiten und Befugnisse gegründet sind. Aus einer existierenden demokratischen Praxis heraus ergibt die Frage nach dem Volk zunächst eine tautologische Antwort: Es ist das Volk, das die konstituierende Gewalt innehat. Aber wie lässt sich das so bestimmte Volk individuieren? Eine informativere Antwort kann sich, wie die jüngere Literatur zeigt, auf zweierlei Arten von Belegen stützen. Einerseits kann die Verfügung über den *pouvoir constituant* rekonstruktiv zugeschrieben werden, indem aus dem Inneren eines bestehenden Institutionensystems heraus die Quellen seiner Autorisierung bestimmt werden. Andererseits müssen, falls ein stabiles Institutionensystem, das die verfassunggebende Gewalt zu konfigurieren und zuzuordnen in der Lage ist, nicht unkontrovers vorausgesetzt werden kann, auch Prozesse ihrer Behauptung und Hervorbringung ins Auge gefasst werden. Kontroversen über die Identitätsbedingungen von Völkern lassen sich dann als Konflikte über die Existenz und Konfiguration verfassunggebender Gewalt verstehen.

Indem ich die Frage nach dem Volk einerseits aus einer rekonstruktiven, andererseits aus einer evolutiven Perspektive zu beantworten suche, gebe ich nur eine abkünftige und formale Antwort auf die weitergehende Frage danach, wieviel Volk moderne Verfassungen brauchen.[1] Auch hier sind wieder zwei Möglichkeiten denkbar. Die erste ist wenig spektakulär, denn aus rekonstruktiver Perspektive entlassen Verfassungen Träger der verfassunggebenden Gewalt aus sich. Es ist die Verfassung, die darüber entscheidet, welches und ‚wieviel' Volk sie benötigt. In einem *bootstrapping*-Prozess legt sie selbst das Subjekt politischer Autonomie fest und bestimmt somit das Volk. In rekonstruktiver Einstellung sind die erschlossenen Träger verfassunggebender Gewalt nicht, wie Sieyes meinte, auf die na-

1 So eine weitere Ausgangsfrage der Veranstalter der Hamburger Konferenz „Volk als Konzept in Recht und Politik" und Herausgeber dieses Bandes, vgl. die Einleitung von Jochen Bung und Milan Kuhli, S. 5–7

https://doi.org/10.1515/9783110599510-006

turrechtlich prä-existierende Gestalt eines Volkes festgelegt;[2] die Existenz eines Volkes lässt sich vielmehr umgekehrt aus einer bestehenden Verfassungsordnung erschließen. Allerdings ergibt sich, wie wir sehen werden, eine Komplikation für die Unterstellung, der Verfassung korrespondiere trivialerweise genau ein Staatsvolk, sobald wir vom Standardmodell der Staatsverfassung abweichen und einen spezifischen Typ von Föderationen in den Blick nehmen. Föderationen im Sinn des „Bundes", d. h. dauerhafte Assoziationen von Staaten, die nicht selbst wieder Staaten sind,[3] stützen sich auf eine Bundesverfassung. Damit kommt eine zweite Möglichkeit ins Spiel, das Verhältnis von verfassunggebender Gewalt und Volk nachzujustieren: Komplexe Gebilde wie Föderationen werden vitalisiert durch Konflikte um die Existenz und Gewichtung einander überlagernder verfassunggebender Gewalten, und die analytische Möglichkeit, die verfassunggebende Gewalt festzustellen, indem man gleichsam in der Verfassung ‚nachsieht', muss einer Einstellung weichen, die gegenüber empirischen Entwicklungen zumindest offen ist. Die Allokation verfassunggebender Gewalten in Föderationen, und damit die Existenz von Völkern im demokratietheoretisch relevanten Sinn, kann sich dynamisch verändern. Aber solche Dynamiken lassen sich, wie abschließend argumentiert werden soll, nicht auf Föderationen beschränken. Krisenphänomene in föderativen und selbst in nicht-föderativen Staaten zeigen, dass auch Staatsverfassungen sich durch konflikthafte Versuche der Herausbildung neuer (oder auch der Wiederbelebung alter, vermeintlich abgestorbener) verfassunggebender Gewalten herausfordern lassen. Die Auseinandersetzung um den Status als Volk ist, so die hier vorgetragene These, außerhalb wie innerhalb von Staaten ein Kampf um verfassunggebende Gewalt.

Auch die Antwort auf die dritte von den Herausgebern formulierte Ausgangsfrage nach dem Willen des Volkes und seinen verfassungsförmigen Ausdrucksweisen möchte ich im Folgenden als abhängig von der Lokalisierung verfassunggebender Gewalt begreifen. Der institutionelle Ausdruck eines Volkswillens muss ja logisch, wenngleich nicht immer historisch, auf die Herausbildung, Identifizierung und Ausübung der verfassunggebenden Gewalt folgen.[4] Das lässt sich für Föderationen, die wie die EU einen *status activus* einrichten, so ausdrücken, dass ihre Institutionen als Organisationsformen von mehr als einem Volk anzusehen sind. Wenn komplexe Verfassungen in der Lage sein sollen, gleichzeitig mehrere Völker und, wie ich argumentieren werde, Völker auf mehreren Ebenen zu repräsentieren, dann ist der Ausdruck „Wille des Volkes"

---

2 *Sieyes*, Was ist der Dritte Stand? in: ders. Politische Schriften, Schmitt/Reichardt, 1981, S. 167.

3 *Beaud*, Théorie de la Fédération, 2006.

4 *Mendelssohn Bartholdy*, Der Volkswille. Grundzüge einer Verfassung. Der neue Merkur, 1919, S. 37 ff.

mehrdeutig und möglichen internen Auseinandersetzungen zwischen den Völkern, ebenso wie zwischen den Völkern auf unterschiedlichen Ebenen, unterworfen. Falls sich die Identität der Träger verfassunggebender Gewalt als unabgeschlossen erweisen sollte, muss auch die Frage nach einem einheitlichen oder prä-existierenden Willen des Volkes zurückgewiesen werden. Die Leitfrage nach dem Ausdruck des Volkswillens verschiebt sich dann gewissermaßen auf die Frage, wie die Intentionen verfassungspolitischer Akteure zum Ausdruck gebracht werden sollen, die, wenn sie erfolgreich sein sollten, eine Neufiguration von Völkern oder Typen von Völkern zu Wege bringen. Dabei schlage ich im Folgenden vor, drei Arten des Ausdrucks verfassunggebender Gewalt zu unterscheiden, um einen normativen Unterschied zu markieren. Einerseits, so werde ich argumentieren, steht es allen originären politischen Akteuren frei, sich in der *Artikulation* verfassunggebender Gewalt sozusagen selbst zu ermächtigen, und unter Umständen, im zivilen Ungehorsam, sogar aus dieser Behauptung Legitimation für gesetzwidriges Handeln abzuleiten. Andererseits versuche ich zu zeigen, dass Ausdruck im Sinne der *Hervorbringung* oder der *Ausübung* eines *pouvoir constituant* keineswegs im Wege der Selbstermächtigung vorgenommen werden können, da sich die Legitimation von Hervorbringung und Ausübung aus anderen Quellen speist als aus der im Protest und Widerstand zu Recht angemaßten Teilhabe am *pouvoir constituant*.

1 Vorbemerkung

In meinem Beitrag behandle ich den Volksbegriff als epistemisch abhängige Kategorie. Das bedeutet, dass ein Volk im normativen Sinn nicht freistehend von der Zuschreibung verfassunggebender Gewalt identifiziert werden kann: Unser Wissen um den Volkscharakter eines Kollektivs folgt unmittelbar aus der Erkenntnis, dass dieses Kollektiv Träger verfassunggebender Gewalt ist. Damit schließe ich mich der demokratischen Tradition an, für die es seit Sieyes eine analytische Wahrheit ist, dass das Volk der Träger der verfassunggebenden Gewalt ist.[5] Allerdings hat Sieyes nicht damit gerechnet, dass es Kontexte geben könnte, in denen wir gute Gründe haben könnten, den oder die Träger verfassunggebender Gewalt erst *a posteriori* und nicht ausschließlich in Abhängigkeit

5 *Sieyes*, Was ist der dritte Stand? (Fn. 2); *Böckenförde*, Die verfassunggebende Gewalt des Volkes. Ein Grenzbegriff des Verfassungsrechts [1986], in: ders., Staat, Verfassung, Demokratie, 1991, S. 90 – 112; *Maus*, Über Volkssouveränität, 2011. Ich grenze mich hier von Ansätzen ab, für die *pouvoir constituant* nicht notwendigerweise eine demokratische Kategorie ist, s. *Schmitt*, Die Diktatur, 1921, und *Rubinelli*, Constituent power: a history, 2019.

vom geeinigten und abgegrenzten Staatsvolk zu identifizieren. Post- und suprastaatliche Gemeinwesen stellen Beispiele für solche Kontexte dar.[6]

Aus der Perspektive der Politischen Theorie ist in einem rechtswissenschaftlichen Kontext zunächst jedoch eine Vorbemerkung zur Vieldeutigkeit des Konzepts des *pouvoir constituant* sinnvoll. Es gibt im Wesentlichen drei Varianten, den Ausdruck ‚*pouvoir constituant*' ins Deutsche zu übersetzen, die sich auf die jeweils vertretenen Konzeptionen auswirken müssen. Die klassische, in der Rechtswissenschaft vorherrschende Version ist die von der „verfassunggebenden" oder „konstituierenden Gewalt"[7], während sich in der Politischen Theorie auf dem Umwege über die angelsächsische Verwendung von „constituent power" die abschwächende Semantik von „konstituierender Macht" eingebürgert hat.[8] Die rechtsbegründende Funktion des *pouvoir constituant* bringt es jedoch mit sich, dass bereits die juristische Redeweise nicht so einheitlich und scharf geschnitten ist, wie man erwarten könnte, und auch in der Politischen Theorie sind Bedeutung und Ausdrucksformen „konstituierender Macht" nicht festgezurrt. Im Einklang mit dem juristischen Sprachgebrauch der „verfassunggebenden Gewalt" wird es im Folgenden nur um eine Form von Autorität gehen, deren Ergebnisse sich in Rechtsform niederschlagen und rechtliche Geltung beanspruchen, wobei der Verfassungsbegriff selbst eher offen interpretiert werden soll. Nicht nur wird im Anschluss an Theorien des Globalen Konstitutionalismus davon abgesehen, dass der Verfassungscharakter von Ordnungen durch eine mit „Verfassung" überschriebene Urkunde verbürgt wird.[9] Es soll auch, wie es in der Orientierung an Föderationen von Staaten nicht anders sein kann, nicht am engen Begriff des

---

6 Eine erste Literaturübersicht bei *Patberg*, Constituent Power beyond the State. An Emerging Debate in International Political Theory, *Millennium - Journal of International Studies* 42, 1, 2013, S. 224 – 238. Patberg hat das Thema mit Bezug auf die Europäische Union weiterverfolgt und seine eigene Position im Rückgriff auf bestehende politische Narrative bestimmt, zuletzt in Challenging the Masters of the Treaties. Emerging Narratives of Constituent Power in the European Union, *Global Constitutionalism* 7, 2, 2018, S. 263 – 293.

7 *Zweig*, Die Lehre vom Pouvoir Constituant. Ein Beitrag zum Staatsrecht der Französischen Revolution, 1909; *Maus*, Bürgerliche Rechtstheorie und Faschismus. Zur sozialen Funktion und aktuellen Wirkung der Theorie Carl Schmitts, 2. Auflage 1980, S. 53 f.

8 *Negri*, Insurgencies. Constituent Power and the Modern State. [Übersetzung v. *Il potere costituente: saggio sulle alternative del moderno*, 1992] 1992, bes. 1 – 25; *Lorey*, Demokratie statt Repräsentation. Zur konstituierenden Macht der Besetzungsbewegungen, in: Kastner et al., Occupy! Die aktuellen Kämpfe um die Besetzung des Politischen. Turia + Kant 2012, S. 7 – 49; *Celikates*, Ziviler Ungehorsam und radikale Demokratie. Konstitutive vs. konstituierte Macht? in: Bedorf/ Röttgers, Das Politische und die Politik, 2010, S. 274 – 301.

9 *Möllers*, Verfassunggebende Gewalt – Verfassung – Konstitutionalisierung, in: Bogdandy/Bast, Europäisches Verfassungsrecht, 2009, S.227 – 277; S. jetzt das interdisziplinäre Handbook on Global Constitutionalism, Wiener/Lang, 2017.

Verfassungs*gesetzes* festgehalten werden, um dem Verfassungs*vertrag* den konstitutionellen Charakter abzusprechen.[10] Die politiktheoretische Variante „konstituierender Macht" dagegen versteht den Ausdruck vor dem Hintergrund eines breiten und etwas diffusen Machtverständnisses. Sie knüpft an die Machttheorien von Michel Foucault oder von Hannah Arendt an,[11] die sich nicht auf angestrebte Rechtssetzung hin engführen lassen und nicht notwendigerweise einen juridischen Verfassungsbegriff ans Ende der Aktivität des *pouvoir constituant* stellen. Ein Vorteil einer solchen Konzeption ist es, dass auch diskursive Machtausübung im Vorfeld von Verfassungsänderungen als genuines Phänomen des *pouvoir constituant* erscheinen kann. Allerdings impliziert die Rede von „konstituierender Macht", so wie der Ausdruck heute verwendet wird, nicht, dass das Ergebnis ihrer erfolgreichen Ausübung eine rechtliche Verfassung sein muss, die alle Staatsorgane unterwirft, noch ist überhaupt ausgemacht, ob sich ihre Resultate in rechtliche Formen und deren zwingende Realisierungsmodi gießen lassen.[12]

Im Folgenden stütze ich mich auf eine dritte Art und Weise, sich *pouvoir constituant* auf Deutsch zurechtzulegen. Der Ausdruck „konstituierende Autorität" ist nicht nur eine Übersetzung, sondern zugleich eine Schärfung. Er profiliert einen Aspekt des Begriffs, die normative Autorität, gegenüber anderen Aspekten, indem er „die Teilklasse legitimer Ausübungen abdeckt und autoritative Gründungsmacht von missbräuchlichen, aber deshalb noch nicht rechtlich unwirksamen ‚konstitutionellen Usurpationen' abgrenzt".[13] Konstituierende Autorität verhält sich zum *pouvoir constituant* wie die Konzeption zum Konzept:[14] Sie richtet sich auf die Grundlagen rechtlicher Ordnungen innerhalb und jenseits staatlicher Grenzen und konzentriert sich auf autoritative im Gegensatz zu usurpierten Trägern. Ein weiteres Merkmal ist, dass die Konzeption konstituierender Autorität, im Unterschied zu einigen juristischen Verständnissen des *pouvoir constituant,* nicht daran interessiert ist, zwischen gründender und transformierender verfassunggebender Gewalt, zwischen *pouvoir constituant originaire* und *pouvoir constituant dérivé* oder zwischen verfassunggebender und verfassungs-

10 Dies in Abgrenzung von *Grimm*, Die Zukunft der Verfassung II, 2012, Teil III, S. 203 – 314, und *Maus*, Verfassung oder Vertrag. Zur Verrechtlichung globaler Politik. In dies., Menschenrecht, Demokratie und Frieden, 2015, S. 81 – 121.

11 S. das Vorwort der Serienherausgeber zu *Negri*, Insurgencies. Constituent Power and the Modern State. [*Il potere costituente: saggio sulle alternative del moderno*, 1992] 1992, xi.

12 Vgl. *Lorey*, Constituent power of the multitude, Journal of International Political Theory 15, 1, 2019, S. 119 – 133.

13 *Niesen/Ahlhaus/Patberg*, Konstituierende Autorität. Ein Grundbegriff für die Internationale Politische Theorie, Zeitschrift für politische Theorie 6, 2, 2015, S. 159.

14 *Rawls*, A Theory of Justice. Revised Edition, 1999, S. 9.

ändernder Gewalt eine scharfe Trennlinie zu ziehen.[15] Der Grund dafür ist, dass wir uns in den hier erörterten Zusammenhängen in bereits konstituierten Gemeinwesen vorfinden, in denen auch fundamentaler und radikaler Wandel sich kaum als originärer Gründungsakt *ex nihilo*, sozusagen als Austritt aus dem Naturzustand, inszenieren lässt. Vielmehr arbeitet sich konstituierende Autorität auch dort an bestehenden Verfassungen ab, wo deren Subjekte, die autorisierenden Völker, in Frage stehen.

2 Der *pouvoir constituant* in der EU: Rekonstruktion

Traditionell ist das Staatsvolk der einzige unumstrittene Träger, der Staat das einzige unumstrittene Gehäuse des *pouvoir constituant*, so dass der Begriff für Kontexte jenseits des Staates auf ungeprüftes Terrain angewendet werden muss.[16] Im Folgenden soll seine Nützlichkeit in drei Kontexten erprobt werden, von denen die beiden ersten das supranationale Gemeinwesen der EU betreffen. In diesem Abschnitt soll erläutert werden, wie sich in einer Föderation wie der EU in rekonstruktiver Einstellung ein komplexer existierender Träger, wenngleich noch keine mit ihm verbundene Ausübungsform des *pouvoir constituant* identifizieren lässt. Im darauffolgenden Abschnitt geht es ebenfalls um die EU, allerdings nicht im Hinblick auf Rekonstruktion, sondern auf Transformation. Am Beispiel der Bewegung *Democracy in Europe25* (*DiEM25*) werde ich auf die Artikulation, Hervorbringung und Ausübung konstituierender Autorität zu sprechen kommen (3). In einem dritten und letzten Schritt suche ich die gewonnenen Perspektiven mit neuen Konflikten um das Auseinanderbrechen multinationaler Staaten zu verbinden (4).

Erst vor kurzem ist die unscharfe Frage danach, ob es ein europäisches Volk gibt oder geben kann, vom Kopf auf die Füße gestellt worden, indem der anhaltenden Diskussion über die Verfassung, die die EU hat oder braucht, eine grundlegende Debatte über den Träger verfassunggebender Gewalt an die Seite getreten ist. Rechtsdogmatisch und rechtshistorisch ist die langjährige Leerstelle nachvollziehbar, wenn man den folgenden Syllogismus teilt, der sich aus dem Abschnitt über die „Verfassungslehre des Bundes“ in Carl Schmitts *Verfassungslehre* entwickeln lässt. Erstens, die EU ist eine *Föderation/ein Bund* demokrati-

---

15 *Zweig*, Die Lehre vom Pouvoir Constituant (Fn. 7), S. 303 – 311; *Schmitt*, Verfassungslehre, 1928, S. 98; *Böckenförde*, Grenzbegriff (Fn. 5).

16 Für eine orientierende Skizze s. *Niesen*, Constituent Power in Global Constitutionalism, in: Lang/Wiener, Handbook on Global Constitutionalism, 2017, S. 222 – 233.

scher Staaten,[17] die jeweils auf ihre diskreten verfassunggebenden Gewalten gebaut sind. Zweitens, es gibt für jedes Gemeinwesen stets genau einen Träger der verfassunggebenden Gewalt. Daraus folgt drittens, dass die entstehende Föderation, falls sie nicht selbst zum Staat wird, keine eigenständige verfassunggebende Gewalt entwickelt.[18]

In der Diskussion über verfassunggebende Gewalt in der EU ist zunächst die Schlussfolgerung bestritten worden, dass sich in Föderationen von Staaten keine Neuallokation des *pouvoir constituant* herausbilden und entwickeln kann. In Föderationen sind typischerweise drei Prozesse zu beobachten, die im Hinblick auf die Identifikation möglicher Träger verfassunggebender Gewalt von Bedeutung sind. Erstens ergeben sich in Verfassungsverträgen vereinbarte Kompetenztransfers von den staatlichen Ebenen zur föderativen Ebene, im Gegensatz zu innerstaatlichen Änderungen von Verfassungsgesetzen, häufig nicht unter der Aufsicht des verfassungsändernden, sondern, wie im Verfassungs- und Völkerrecht vielfach vorgesehen, des einfachen Gesetzgebers.[19] An diese ursprüngliche Kompetenzübertragung knüpft ein zweiter Prozess an, in dem die neu etablierten Kompetenzträger inkrementell, manchmal auch disruptiv, neue Zuständigkeiten an sich ziehen – hier sind vor allem Prozesse der Vergerichtlichung zu nennen, wie sie etwa in den Konstitutionalisierungsprozessen der EU in der Rechtsprechung des Europäischen Gerichtshofs (EuGH) stattfanden. Inzwischen wird sogar eine „Überkonstitutionalisierung" der Union durch den EuGH beklagt, was die Frage nach dem Ort der konstituierenden Autorität besonders dringlich macht.[20]

---

17 Für die Anwendung der Theorie des Bundes auf die EU vgl. *Schönberger*, 'Die Europäische Union als Bund'. Archiv des öffentlichen Rechts 129, 2004, 1, S. 81 – 120; *Avbelj*, Theory of European Union. European Law Review 36, 6, 2011, S. 818 – 836, sowie jüngst *Larsen*, The European Union as a federation: a constitutional analysis. PhD thesis, The London School of Economics and Political Science (LSE) 2018; Jürgen *Habermas* macht darauf aufmerksam, dass für Schmitts Verfassungstheorie die demokratische Legitimität des Bundes und seiner Mitglieder unerheblich ist. Zur Verfassung Europas. Ein Essay, 2011, S. 66.

18 Für die Schritte des Syllogismus und die beiden alternativen Optionen in der Conclusio, siehe *Schmitt*, Verfassungslehre des Bundes, in: ders. Verfassungslehre (Fn. 1), 53, S. 363 – 391, besonders S. 389; Kritisch *Preuss*, Is there a constituent power in the European Union?, in Cayla/ Pasquino, Le Pouvoir Constituant et l'Europe, 2011, S. 75 – 92.

19 Dies ist nur eines der Probleme, die wir der gleichzeitigen Begründung konstituierender und föderativer Gewalt bei *Locke* verdanken, vgl. Second Treatise of Government, in: Laslett, Two Treatises of Government, 1960, S. 369 (§ 153).

20 *Thornhill*, The formation of a European Constitution, International Journal of Law in Context, 8, 3, 2012, S. 354 – 393. Zur Kritik der 'Überkonstitutionalisierung' vgl. Schmidt, Extending Citizenship Rights and Losing it all: Brexit and the Perils of 'Over-Constitutionalisation', in: Thym, Questioning EU Citizenship. Judges and the Limits of Free Movement and Solidarity in the EU, 2017, S. 17 – 36.

Drittens können verfassungsvertragliche Vereinbarungen der föderierenden Partner durch institutionelle Neuschöpfungen explizit oder implizit eine Neuallokation der gesetzgebenden und selbst der verfassunggebenden Gewalt mit sich bringen. Der historisch vielleicht bedeutendste Fall sind die Einrichtung des EU-Bürgerstatus im Vertrag von Maastricht 1992 und die Übertragung ko-legislativer Befugnisse an das direkt gewählte Europäische Parlament. Auch wenn der europäische Bürgerstatus von der Staatsbürgerschaft im jeweiligen Mitgliedsstaat abgeleitet ist, räumt er doch Wahl- und andere Partizipationsrechte ein, die auf einen fundamentaleren *status activus* rückschließen lassen.

Die übereinstimmende Problematik dieser drei Entwicklungen lässt sich leicht benennen. Die staatstheoretische Bedeutung des *pouvoir constituant* liegt im Einzelstaat nicht nur darin, dass konstituierende Autoritäten sich aus freien Stücken eine Verfassung geben und sie weiterhin und permanent nach ihren Vorstellungen abändern können, sondern auch darin, dass *konstituierte* Akteure die Bedingungen, unter denen sie operieren, nicht selbsttätig verändern können. „Keine übertragene Gewalt, welcher Art sie auch sei, kann an den Bedingungen ihrer Übertragung irgend etwas ändern.“[21] Diesseits wie jenseits des Staates gehen aber durch föderative Prozesse Handlungsvollmachten und Entscheidungskompetenzen an Instanzen über, die der *pouvoir constituant* nicht autorisiert hat: Öffentliche Autorität wird neu delegiert, neue autoritative Organe und neue Rechtsstatus werden geschaffen. Unter solchen Bedingungen mag es als List der Vernunft anzusehen sein, dass zumindest der dritte Typ der erörterten Prozesse föderativer Konstitutionalisierung über die ausdrückliche Anerkennung von Föderationsbürgerschaft ein freistehendes, potentiell konstituierendes Kollektiv nachwachsen lässt.

Auf die Konstitutionalisierungsprozesse in der europäischen Föderation haben in den vergangenen Jahren zwei Literaturstränge reagiert. In dem einen wird die historische Entwicklung sich hochgradig integrierender Föderationen als *fait accompli* usurpierter Verfassungstransformation durch Exekutive und Judikative beschrieben, die die Redeweise von verfassunggebender Gewalt entweder ganz entbehrlich macht, oder aber die Prozesse selbst und die usurpierenden Organe, etwa den Europäischen Gerichtshof, gleich selbst als Träger konstituierender Gewalt einsetzt.[22] Der andere Literaturstrang begreift die grundstürzenden

---

21 *Sieyes*, Was ist der Dritte Stand? (Fn. 2), S. 167.

22 Für die erste Variante vgl. *Teubner*, Transnationaler pouvoir constituant? in: Calliess, Transnationales Recht. Stand und Perspektiven, 2014, S. 77–94. Für die zweite s. Thornhill, The formation of a European Constitution (Fn. 20).

Transformationen konstruktiv als Wandel in der Allokation demokratischer konstituierender Autorität. Drei Hauptlinien einer solchen konstruktiven Diagnose haben sich in Bezug auf die Europäische Union herausgebildet. Die erste ist die *demoi*-kratische Variante, derzufolge konstituierende Gewalt nicht bei den Staaten, sondern bei den einzelnen Staatsvölkern liegt. Sie akzeptiert die erste Prämisse des föderativen Syllogismus, den Monismus über verfassunggebende Gewalt.[23] Die zweite, die regional-kosmopolitische Position, die die verfassunggebende Gewalt ausschließlich bei den europäischen Bürgerinnen und Bürgern angesiedelt sieht, ist der ersten Variante diametral entgegengesetzt, doch sie betont wie die *demoi*-kratische Position, dass es nur einen einheitlichen Träger des *pouvoir constituant* geben könne.[24] Die dritte Variante verwirft diesen Monismus. Die am weitesten entwickelte dualistische Position ist die von Jürgen Habermas, der einen *pouvoir constituant mixte* bei den Individuen in zweierlei Rollen, als Staatsbürgerinnen und -bürgern und als europäischen Bürgerinnen und Bürgern, angesiedelt sieht. Zur staatsbürgerlichen Autorität sei durch die Einführung neuer Institutionen und Status (EU-Parlament, EU-Bürgerschaft) eine zweite Ebene aktivbürgerlicher Autorität hinzugetreten, die sich nunmehr insgesamt als in ihrem Ursprung gespaltene Gewalt interpretieren lasse.[25] Insofern dem Kollektiv auf der übergeordneten Ebene nun ebenfalls verfassungstransformierende Autorität zukommt, spricht nichts dagegen, es im Verein mit den Staatsvölkern ebenfalls als „Volk" zu bezeichnen, da die Ausübung politischer Autorität in den meisten Fällen (zu einer Ausnahme am Ende dieses Abschnitts) nur gemeinsam möglich ist und die ko-konstituierende Autorität der europäischen Bürgerrechtsebene anerkannt werden muss. Im Vergleich mit der unbeweglichen *Demoi*-kratie-These und der überschwänglichen regional-kosmopolitischen Diagnose scheint die dualistische Position dem dynamischen Charakter der institu-

23 *Cheneval/Schimmelfennig*, The case for demoicracy in the European Union, Journal of Common Market Studies 51, 2, 2013, S. 334 – 50; *Nicolaïdis*, European demoicracy and its crisis, Journal of Common Market Studies 51, 2, 2013, S. 351 – 69.

24 *Eriksen*, The pouvoir constituent of the European Union, in: Genna/Haakenson/Wilson, Jürgen Habermas and the European Economic Crisis: Cosmopolitanism Reconsidered, S. 192 – 214.

25 *Habermas*, Zur Verfassung Europas (Fn. 17), S. 67 – 69; vgl. Patberg, Symposium: The EU's Pouvoir Constituant Mixte, Journal of Common Market Studies 55, 2, 2017, S. 165 – 222. Darin *Habermas*, Citizen and State Equality in a Supranational Political Community: Degressive Proportionality and the Pouvoir Constituant Mixte, Journal of Common Market Studies 55, 2, 2017, S. 171 – 182. Eine kollektivistische Variante des konstituierenden Dualismus vertritt *Cohen*, Globalization and Sovereignty: Rethinking Legality, Legitimacy, and Constitutionalism, 2012. Auch *Brunkhorst* spricht von der „*synthetic* constituent power of the peoples of Europe", die über die Aggregation der einzelstaatlichen Gewalten hinausgehe, s. ders. Constituent power and constitutionalization in Europe, International Journal of Constitutional Law 14, 3, 2016, S. 694.

tionellen Entwicklung der Europäischen Union am ehesten nahezukommen: Sie hält Schritt mit der historischen Transformation der EU-Verfassung, indem sie die sie potentiell autorisierenden Träger ebenfalls einer Transformation unterzieht.

Eine Gemeinsamkeit der drei genannten Konzeptionen konstituierender Autorität in der EU liegt darin, dass sie ihre Ansätze sämtlich als *Rekonstruktionen* verstehen, die den aktuellen Stand institutioneller Integration in Europa deuten. Sie behaupten weder, eine historisch-genealogische, noch eine machtpolitisch-realistische Interpretation zu geben, sondern legen eine normative Deutung des institutionellen *status quo* vor. Damit sind sie in der Lage, eine reformistische Perspektive zu entwickeln. Die *Demoi*-kraten möchten das weitere institutionelle Schicksal der EU nicht länger bei den Staatsorganen, sondern bei Staatsvölkern angesiedelt sehen, die sich nicht gegeneinander abkapseln, sondern die Transnationalisierungsinteressen ihrer eigenen und fremder Bevölkerungen fest im Blick haben. Der regionale Kosmopolitismus entmachtet die Staatsvölker und legt die Weiterentwicklung der EU ausschließlich in die Hände der EU-Bürger als Individuen. Dem *pouvoir constituant mixte*-Ansatz liegt ebenfalls eine Reformagenda zugrunde, die auf die pan-europäische Demokratisierung zentraler *policy*-Felder wie der Finanz-, Sozial- und Arbeitsmarktpolitik setzt, er schreckt aber vor einer stärkeren Integration des Grundrechtsschutzes zurück.[26] Das Europäische Parlament als ko-legislatives Organ erscheint den Vertreterinnen dieser Lesart als vorauseilende Überforderung eines politischen Systems, das den erteilten Legitimationsvorschuss nicht anders denn durch die Anerkennung längst eingesetzter Ko-Verfassunggeber abarbeiten kann. Für die Theorie des *pouvoir constituant mixte* spricht somit vor allem, dass sie der institutionellen Entwicklung der Europäischen Union einen vernünftigen Sinn abgewinnt, die Union aber nicht wie der regionale Kosmopolitismus teleologisch überformt oder gar den Staatsbürgerinnen und Staatsbürgern eine Teilhabe an der Letztentscheidungsbefugnis abspricht. Nur eine dualistische Konzeption ist in der Lage, die charakteristische Kopplung aus horizontal-verhandelnder und vertikal-legislativer Autorität, die die Entwicklung der Europäischen Union auszeichnet, auch für die fundamentale verfassunggebende Ebene zu reflektieren. Indem das verfassunggebende Volk der Europäischen Union Kollektive auf zwei Ebenen miteinander verklammert, auf der Ebene der Staatsvölker und der mit ihnen personal-identischen europäischen Bürgerinnen, muss es als komplexes Aggregat verstanden werden. Der abgeleitete Begriff eines europäischen Volks kombiniert dann das höherstufige Kollektiv der

---

26 *Habermas*, Citizen and State Equality in a Supranational Political Community: Degressive Proportionality and the Pouvoir Constituant Mixte (Fn.25). Zur Kritik *Niesen*, The 'Mixed' Constituent Legitimacy of the European Federation, Journal of Common Market Studies 55, 2, 2017, S. 183 – 192.

europäischen Bürgerinnen mit deren anhaltender Zugehörigkeit zum Staatsvolk, die auch für die Union weiterhin ko-konstituierende Funktion hat. Zukünftige verfassungspolitische Prozesse müssten dann so eingerichtet sein, dass „jede Person als europäische Bürgerin im verfassungsgebenden Prozess gewissermaßen sich selbst als Bürgerin eines jeweils schon konstituierten Staatsvolks gegenüber[tritt].“[27] Der Vorteil, der sich aus einer solchen „aufgestuften“[28] Konzeption konstituierender Autorität gegenüber dem ‚regionalen Kosmopolitismus‘ ergibt, der die verbleibende konstituierende Eigenständigkeit der ursprünglichen Staatsvölker tilgen muss, lässt sich nicht zuletzt an der Problematik des *Brexit*-Prozesses illustrieren.

Eine kaum bestreitbare Form der Ausübung konstituierender Autorität in Föderationen ist der Austritt aus ihnen.[29] Dies hätte kaum dramatischer klargemacht werden können als durch die britische Austrittserklärung nach Art. 50 des Vertrags von Lissabon. Föderationen sind permanent durch ein einseitiges Austrittsrecht von Mitgliedsstaaten charakterisiert. „[O]bgleich die Union auf unbestimmte Zeit gegründet worden ist, steht es jedem Mitgliedsstaat frei, das Maß an Souveränität zurückzugewinnen, das er vor dem Eintritt in die Union genossen hatte. Die Modalitäten, die bis zum Wirksamwerden des Austrittswillens zu berücksichtigt werden müssen, zeigen allerdings, dass ‚dem Austrittsrecht keine Kompetenz-Kompetenz rechtlich ungebundener Willkürfreiheit‘ zugrunde liegt“.[30] Die *Ausübung* konstituierender Autorität in Föderationen richtet sich mithin nicht allein auf die Konstitutionalisierung fundamentaler Rechtsnormen, sondern ebenso auf die Neuregelung des Verhältnisses zwischen den politischen Ebenen und tangiert letztlich die Allokation konstituierender Autorität selbst. Indem sie auch Entscheidungen über den Bestand und Umfang der Föderation als solchen, etwa über den Bei- oder Austritt, beinhaltet, spiegelt sie den Zwittercharakter des Verfassungsvertrags am Ursprung der Staatenföderation. Innerhalb einer aposteriorischen Konzeption wie der hier vorgetragenen muss die Allokation des *pouvoir constituant* in Föderationen solchen unilateralen, nicht aber unkonditionalen Änderungen folgen. Unabhängig davon, welche Allokationstheorie man vertritt (*Demoi*-kratie, regionaler Kosmopolitismus, *pouvoir constituant mixte*), führt ein Brexit zu einer Änderung des Zurechnungssubjekts der

---

27 *Habermas*, Zur Verfassung Europas (Fn. 17), S. 70.

28 *Patberg*, The Levelling Up of Constituent Power in the European Union, *Journal of Common Market Studies* 55, 2, S. 203 – 21.

29 Vgl. *Beaud*, La sécession dans une Fédération: plaidoyer pour l'autonomie du concept de sécession fédérative, in: Conde/Gagnon, Fédéralisme et sécession, 2019, S. 57 – 111.

30 *Habermas*, Zur Verfassung Europas (Fn. 17), 71. Das Binnenzitat stammt aus *Franzius*, Europäisches Verfassungsrechtsdenken, 2010, S. 138.

(nunmehr) EU-27. Der verfassungspolitische Modus des von einer Regierung veranstalteten Referendums wird uns unten wieder begegnen.

Sieht man einmal von der spektakulären Austrittsoption ab, ist jedoch offen, worin sich die Verfügung über konstituierende Autorität in der EU äußern könnte. Entsprechend leiden die konkurrierenden Konzeptionen konstituierender Autorität in der EU bisher unter einem schwerwiegenden Defizit. Welche Rolle für die identifizierten Subjekte des Verfassungswandels jenseits des Zurechnungsakts vorgesehen ist und inwiefern sie auch institutionell tätig werden können und sollen, darüber schweigen sich die genannten Theorien bisher weitgehend aus. Zwar wird über den Königsweg des Verfassungsreferendums hinaus[31] auch die Einrichtung permanenter, zyklisch neu besetzter Versammlungen, die sich exklusiv mit Verfassungsfragen beschäftigen, für den zukünftigen verfassungspolitischen Prozess vorgeschlagen.[32] In keiner der drei Varianten haben die Theoretikerinnen und Theoretiker aber viel Detailarbeit in die Untersuchung der Frage gesteckt, welche konstruktive Rolle sie für die derart identifizierten Subjekte des Verfassungswandels vorsehen, und in welcher Weise ihre Handlungsfähigkeit institutionelle oder außer-institutionelle Resonanz finden kann. Die Zuschreibung konstituierender Autorität in einem *bootstrapping*-Prozess, d. h. aus vorausgesetzten Zusammenhängen institutioneller Autorisierung, kann sich im Prinzip auch ohne Mitwirkung derer, die als Träger ausgezeichnet werden, vollziehen und sie zum bloß formalen Referenten einer folgenlosen Präsupposition machen. Chris Thornhill hat solche Sichtweisen daher dafür kritisiert,

> that the constituent power in the EU ought not to be seen – strictly – as a real power, exercised in primary constituent acts, but rather as a basic formal norm. In such formulations, the idea of constituent power shades closely towards the Kantian idea of constituent power as a transcendental principle: that is, it is observed as a formal normative construction, which underpins the EU as a polity.[33]

Damit bleiben auch die aus konstituierender Autorität abzuleitenden Volkskonzeptionen allein unterstellte, wenn man so will: zugerechnete Größen. Wir haben es bisher mit avancierten Versuchen der *Identifikation* verfassunggebender Gewalt durch die Politische Theorie zu tun, der bisher kaum Studien zu deren Artikula-

---

31 *Tierney*, Constitutional Referenda. Theory and Practice of Republican Deliberation, 2017; kritisch *Lenowitz*, 'A Trust that Cannot be Delegated'. The Invention of Ratification Referenda, American Political Science Review 109, 4, 2015, S. 803 – 816.

32 Zu dieser Option, die auf Sieyes zurückgeht, vgl. *Patberg*, Usurpation und Autorisierung. Konstituierende Gewalt im globalen Zeitalter, 2018, besonders S. 303 ff..

33 *Thornhill*, Constituent Power and European Constitutionalism, in: Contiades/Fotiadou, The Routledge Handbook on Constitutional Change, im Erscheinen 2019, 12 (zit. nach dem MS).

tion, Herausbildung oder gar Ausübung an die Seite getreten sind. Entsprechend blass muss die Konzeption eines „Volkes" bleiben, die die Identifikation konstituierender Autorität aus sich entlässt. Der Vorteil der bisherigen Rekonstruktionen liegt darin, dass die Zuschreibung auf die Individuen als Rechtsträger heruntergebrochen und damit auch erst juridisch handhabbar gemacht werden kann, unter Voraussetzung von gleicher und vollständiger Inklusion der Mitglieder.[34] Ihr Nachteil liegt darin, dass es sich bei der Zuschreibung verfassunggebender Subjektivität um eine Konstruktion handelt, die im Prinzip ohne die Aktivierung des eingesetzten Subjekts auskommt, als lediglich formale Bezugnahme auf ein Zurechnungssubjekt. Dass sich die bisherige Diskussion vornehmlich der Identifikation oder Allokation des *pouvoir constituant* jenseits der Einzelstaaten gewidmet und dessen Artikulation, Herausbildung oder Ausübung (jenseits des Austritts) ignoriert hat, liegt an der Methode der Rekonstruktion, die zwar anerkennen kann, dass sich innerhalb von Föderationen im zeitlichen Ablauf etwas ändern kann: Ihre Entwicklung kann dazu führen, dass die Allokation der verfassunggebenden Gewalt sich verzweigt. Die Methode, dies zu bestimmen, ist aber retrospektiv, zu Prognosen und Präskriptionen kaum in der Lage,[35] sondern auf einen integrierenden, institutionell-usurpierenden Vorlauf angewiesen. Allein im Akt der Disruption, des Austritts Großbritanniens und der damit verbundenen Neuformation des überstaatlichen *pouvoir constituant* tritt seine Ausübung bisher plakativ zu Tage.

3 Der *pouvoir constituant* in der EU: Kritik und Transformation

Mit den Prozessen der EU-Integration sind nicht nur neue theoretische Konzeptionen auf den Plan getreten, es bilden sich in jüngerer Zeit auch populäre Strategien konstituierender Autorität heraus.[36] DiEM25 (*Democracy in Europe 2025)* ist eine politische Bewegung und Kampagne, die aus der Krise der Eurozone und der mit ihr verbundenen Austeritätspolitik entstanden ist. Insbesondere die Bedin-

34 Dies formuliert *Preuss* als Bedingung demokratischer konstituierender Autorität, s. Is there a constituent power in the European Union? (Fn. 18).

35 Und auch, wie Christopher Zurn und William E. Scheuerman festhalten, nicht zu demokratischen Entscheidungen über ihre zukünftige Allokation, s. den Verweis auf Zurn in *Scheuerman*, Constituent Power and Civil Disobedience: Beyond the Nation State?, Journal of International Political Theory 15, 1, 2019, S. 58.

36 Auch das Konventsverfahren für die gescheiterte ‚Verfassung für Europa' hatte eine vermittelte Vertretung vorgesehen. Im Unterschied dazu ergreifen jetzt offenbar erstmals basisdemokratische Aktivistinnen die Initiative, s. *Lorey*, Constituent power of the multitude (Fn. 12).

gungen, die Griechenland in der Finanzkrise seit 2010 von den europäischen Institutionen und Akteuren diktiert wurden, bekräftigten die Überzeugung, dass Demokratie sich nicht länger in einzelnen Ländern gegen suprastaatliche Dominanz behaupten kann,[37] und dass die distributiven Entscheidungen innerhalb Europas politisiert werden müssen. Die Bewegung versteht sich als paneuropäische radikaldemokratische Plattform, die sich den „relaunch" europäischer Demokratie vorgenommen hat:[38] „One simple, radical idea is the motivating force behind DiEM25: Democratise Europe! For the EU will either be democratised or it will disintegrate!"[39] Als mittelfristiges Ziel soll eine verfassunggebende Versammlung einberufen werden, die sich auf der Basis transnationaler Listen zusammensetzt und bis 2025 eine (neue) Verfassung implementieren soll.[40] Dazu sollen transnational kooperierende Listen aus verschiedenen Mitgliedsländern antreten, um als Delegierte gewählt zu werden.

DiEM25 wurde im Februar 2016 gegründet, und während es übertrieben wäre, sie als Massenbewegung darzustellen, hat sie sich in einer Reihe von Mitgliedsstaaten der EU etabliert und eine funktionsfähige kommunikative Infrastruktur entwickelt. Man begreift die eigene Tätigkeit in Analogie zum Weltsozialforum und der grenzüberschreitenden Occupy-Bewegung nicht in Abgrenzung zu anderen Gruppen, sondern eher als Sammelbecken für neue Parteien und Kollektive wie *Indignados* und andere Austeritätsgegner in Südeuropa.[41] Der Mitbegründer Yanis Varoufakis beschreibt DiEM25 als „pan-europäische Bewegung bürgerlichen und gouvernementalen Ungehorsams, die eine Welle demokratischer Opposition gegen die ... Eliten der EU hervorbringen wird".[42] Als Zugeständnis gegenüber dem Populismus verwendet die Bewegung eine starke Anti-Eliten, Anti-Establishment-Rhetorik. Der Grund dafür liegt darin, dass „wir bei DiEM25 nicht

---

37 *Horvat*, If we don't restore democracy in Europe, the consequences could be dire. 20. Feb. 2016. Letzer Zugriff unter https://diem25.org/if-we-dont-restore-democracy-in-europe-the-consequences-could-be-dire/ 31. Oktober 2017.

38 „a surge of democracy, orchestrated by Europeans seeking to regain control over their lives from unaccountable technocrats, complicit politicians and opaque institutions". Varoufakis, The EU no longer serves the people – democracy demands a new beginning, Comment is Free Section, Guardian 2. 2. 2016, letzter Zugriff 31. Oktober 2017.

39 DiEM25 Manifesto, https://diem25.org/manifesto-long/#1455748561092–7b8f1d50-a8c2, letzter Zugriff 2. Mai 2017.

40 Ebd.

41 *Horvat*, ebd. Zur Interpretation des Weltsozialforums als Teilhaber an „global constituent power" s. *Lang*, Global constituent power protests and human rights, in: Hehir/Murray, Protecting Human Rights in the 21st Century, London: Rowman and Littlefield 2017, S. 19 – 33.

42 *Varoufakis*, Europe's Left after Brexit, The Jacobin, 05.09.2016, letzter Zugriff 2. Mai 2017, Ü. PN.

glauben, dass die EU durch die üblichen politischen Kanäle reformiert werden kann". Varoufakis schlägt daher „eine Kampagne bewussten Ungehorsams" vor, „die sich den nicht-erzwingbaren EU-Regularien auf städtischer, regionaler und staatlicher Ebene entgegenstellen, ohne sich damit auch nur einen Schritt auf einen Austritt zuzubewegen."[43] Die Strategie des Widerstands soll nicht mit dem Exit drohen sondern vielmehr „konstruktiv" sein. Ein Papier mit dem Titel „European New Deal" versteht die Vorgehensweise eines „*konstruktiven Ungehorsams*" so, dass die Akteure „mit moderaten *policy*-Vorschlägen vorangehen, während man sich auf jeder Ebene den Anweisungen des ahnungslosen Establishments verweigert".[44] Indem sie Staaten, Regionen, Städte wie auch Nicht-Funktionsträger als widerständige Aktivisten ins Auge fassen, kombinieren DiEM25 die Rhetorik internationalen Ungehorsams[45] mit der Rhetorik transnationaler Bewegungen.[46]

Was bedeutet diese aktivistische und rhetorische Strategie für die Frage nach der verfassunggebenden Autorität, dem konstituierenden Volk? Eine Möglichkeit ist es, den von DiEM25 eingeforderten zivilen Ungehorsam als Artikulationsform des *pouvoir constituant* zu verstehen.[47] DiEM25 setzen sich damit nicht selbst als konstituierende Macht in Europa ein oder begreifen sich selbst als „das Volk". Wie sich an ihren Konzeptionen konstituierender Völker zeigt, legen sie vielmehr eine gewisse Flexibilität, womöglich auch Konfusion, in Bezug auf die Frage an den Tag, wo die konstituierende Autorität in Europa liegt. Einerseits propagieren sie „ein demokratisches Europa, in dem alle politische Autorität von den souveränen

43 Ebd. Im Folgenden beziehe ich mich ausschließlich auf die Strategie zivilen Ungehorsams und gehe nicht auf die Problematik „gouvernementalen" Ungehorsams ein, die eine eigene Abhandlung verdiente. Aus der Perspektive konstituierender Autorität kann legitimer gouvernementaler Ungehorsam immer nur eine bedrohte bestehende Verfassungsrealität verteidigen, da die gouvernementalen Akteure selbst als verfassungsmäßig konstituiert gelten müssen. Für die Ausübung transformativer Macht können institutionelle Akteure nicht selbst einen *pouvoir constituant* in Anspruch nehmen.

44 https://diem25.org/wp-content/uploads/2017/03/European-New-Deal-Complete-Policy-Paper.pdf, letzter Zugriff 2. Mai 2017, 8.

45 *Franceschet*, Theorizing state civil disobedience in international politics, Journal of International Political Theory, 11, 2, 2015, S. 239 – 256; *White*, Principled disobedience in the EU, Constellations 2017, 00, S. 1 – 13

46 *Daase/Deitelhoff*, Opposition und Dissidenz in der Weltgesellschaft – Zur Rekonstruktion globaler Herrschaft aus dem Widerstand, in: Daase et al., Herrschaft in den Internationalen Beziehungen, 2017, S. 123 – 151.

47 Für eine Diskussion des Für und Wider, zivilen Ungehorsam als Ausdrucksform konstituierender Autorität zu verstehen, vgl. das Sonderheft Resistance, Disobedience, or Constituent Power? Emerging Narratives of Transnational Protest des Journal of International Political Theory 15, 1, 2019.

europäischen Völkern (*Europe's sovereign peoples*) ausgeht",[48] andererseits ist die Idee, dass „das europäische Volk (*the people of Europe*) ... sich zwischen (i) einem multilateralen Kooperationszusammenhang und (ii) der Möglichkeit, Europa in eine vollgültige Demokratie mit souveränem Parlament zu verwandeln, entscheiden" soll.[49] DiEM25 zieht mithin die *demoi*-kratische Sicht der verfassunggebenden Gewalt in Europa ebenso heran wie die Ansicht, die konstituierende Autorität liege (zumindest auch) bei den europäischen Bürgerinnen, also die Sichtweise, die mit dem regionalen Kosmopolitismus und dem *pouvoir constituant mixte* verbunden ist. Parallel zur gleichsam offiziellen Initiative, die auf die Einrichtung einer verfassunggebenden Versammlung abzielt, wird den Handelnden angesonnen, sich bereits jetzt als Aktivisten innerhalb eines kontrafaktisch vorgestellten, föderalisierten Europa zu begreifen: „Wir müssen damit anfangen, ... soweit wie möglich innerhalb der bestehenden Europäischen Verträge auf eine Weise zu arbeiten, die das Bestehen föderaler Institutionen vorwegnimmt."[50] Man mag die changierende Lokalisierung des Trägers konstituierender Autorität daher weniger als ein Anzeichen von Konfusion denn als Eingeständnis sehen, dass im Unterschied zur klassischen Konzeption die Träger des *pouvoir constituant* nicht im Singular vorgestellt werden sollten, als einheitliches Makro-Subjekt, das die Existenz anderer Träger ausschließt, und dass ihre Träger sich im Prozess verfassunggebender Politik selbst definieren und herausbilden können.

Eine dynamische Sichtweise des *pouvoir constituant* ermöglicht es demnach, den Aktivismus der Protestbewegung auch als versuchte Transformation konstituierender Autorität zu lesen. Während DiEM25 einerseits auf einen transnational inklusiven, formellen verfassunggebenden Prozess hinsteuert, soll die Bewegung gleichzeitig so agieren, „als ob" bereits föderale Institutionen bestünden. Ihr „konstruktiver" Ungehorsam lässt sich mithin im Horizont des „Einbruchs konstituierender Macht in konstituierte Institutionen" verstehen,[51] und eröffnet damit eine Perspektive, konstituierende Autorität jenseits der bloßen Existenz eines Zurechnungssubjekts auf eine aktivistische, wenngleich nichtinstitutionalisierte Weise zu interpretieren. Die Bewegung verwechselt dabei nicht die Artikulation und Herausbildung eines *pouvoir constituant* mit seiner Ausübung. Es liegt in der

48 Manifesto (Fn. 39), ebd.

49 European New Deal (Fn. 44), 8.

50 „[W]e must begin our work without the tools of a functioning European federation. We must thus make a start by using the existing institutions and work, as far as possible, within existing European Treaties in a manner that simulates the federal institutions we lack." European New Deal (Fn. 44), 10 f.

51 *Celikates*, Democratizing civil disobedience, Philosophy and Social Criticism 42, 10, 2016, S. 989.

demokratischen Logik, dass sich präsumptiv verfassunggebende Subjekte selbst als verfassungspolitische Akteure autorisieren können, solange sie dies nicht als Selbstermächtigung zur institutionellen Transformation verstehen. Ziviler Ungehorsam *unterstellt* die Existenz eines solchen übergreifenden *pouvoir constituant* – sei es nach *demoi*-kratischem Muster, sei es nach dem Muster des *pouvoir constituant mixte* oder des regionalen Kosmopolitismus – und versucht, ihn zu *artikulieren*. *Ausgeübt* werden soll der europäische *pouvoir constituant* DiEM25 zufolge aber nicht selbst im Modus des Widerstands, sondern kontrolliert über die repräsentative Einberufung einer verfassunggebenden Versammlung.

4 Der *pouvoir constituant* und substaatliche Nationen: Jenseits der Föderation

Auf der Basis der an Föderationen entwickelten Problematisierung verfassunggebender Gewalt wende ich mich nun im letzten Teil meines Beitrags einem anderen Kontext ihrer Allokation zu, der Fragmentierung staatseinheitlicher *pouvoirs constituants*. Angesichts der traditionell unterstellten apriorischen Identifizierung von Staatsvolk und *pouvoir constituant* liegt darin eine nicht nur staatstheoretische, sondern auch demokratietheoretische Provokation. Die Initiative dazu, vergleichend auf Föderationen und Staaten zu blicken und die Abhängigkeit des Volksbegriffs von der verfassunggebenden Gewalt auch für vermeintlich stabile staatliche Gemeinwesen zu untersuchen, verdankt sich einerseits Experimenten, die die Verfassungstheorie des *Bundes* in den vergangenen Jahren auch auf multinationale Staaten angewendet haben,[52] andererseits dem Umstand, dass substaatliche Nationen sich in ihren Autonomiebestrebungen zunehmend auf die Semantik der verfassunggebenden Gewalt stützen.[53] Im Gegensatz zu den vorangehenden Abschnitten sollen daher in diesem Abschnitt nicht Transformation oder Zerfall von *Bundes*verfassungen, sondern von Staatsverfassungen zur Debatte stehen. Wo Föderationen von Staaten zerbrechen, lösen sich die einzelnen Glieder voneinander und machen den Eintritt in den Verfassungsvertrag rückgängig.[54] Eine solche Rückabwicklung ist aber bei der internen

52 *Rummens/Sottiaux*, Democratic Legitimacy in the Bund or 'Federation of States': The Cases of Belgium and the EU, European Law Journal 20, 4, 2014, S. 568 – 587.

53 *Tierney*, 'We the Peoples': Constituent Power and Constitutionalism in Plurinational States, in: Loughlin/Walker, The Paradox of Constitutionalism: Constituent Power and Constitutional Form, 2008, S. 229 – 245.

54 Damit soll, wie oben ausgeführt, nicht die Emergenz aufgestufter Verfassungssubjekte in Föderationen dementiert werden: Wenn suprastaatliche verfassunggebende Akteure pfadab-

Desintegration von Staaten, seien es Einheits- oder Bundesstaaten, nicht vorgesehen. Die Frage, der ich in diesem letzten Teil am Beispiel des katalonischen Unabhängigkeitsreferendums nachgehen möchte, ist, ob sich Unabhängigkeitsbestrebungen und Desintegrationsprozesse ebenfalls als Kämpfe um die Konfiguration des *pouvoir constituant*, und damit um den Status als Volk, verstehen lassen. Falls dem so ist, muss nach der Legitimität solcher Prozesse gefragt werden. In Abgrenzung von völker- und verfassungsrechtlichen Modi der Legitimitätsprüfung plädiere ich im Folgenden dafür, die Frage nach notwendigen und hinreichenden Bedingungen für den Status als Volk zu ersetzen durch die Frage nach akzeptablen und problematischen Weisen, ein solches hervorzubringen. Mein Vorschlag ist, hierzu wiederum die Unterscheidung zwischen Artikulation, Herausbildung und Ausübung des *pouvoir constituant* heranzuziehen.

Wenn man sich zunächst rechtswissenschaftliche Stellungnahmen zum katalonischen Unabhängigkeitsreferendum ansieht, so fällt ins Auge, dass die völkerrechtliche und die verfassungsrechtliche Bewertung kaum unterschiedlicher ausfallen könnte. Die meisten völkerrechtlichen Beobachter scheinen davon auszugehen, dass die substaatliche nationale Gesellschaft Kataloniens ein „Volk" bildet, das auf Selbstbestimmung Anspruch erheben und die Voraussetzungen des Selbstbestimmungsrechts (Existenz eines Volkes, eines Territoriums und einer Regierung) erfüllen kann.[55] Es wird argumentiert, dass die Katalanen sich dem Völkerrecht zufolge als Volk beschreiben dürften und legitimerweise den Wunsch nach Selbstbestimmung und sogar nach Sezession ermitteln könnten: „A group has a right to claim it is a people, and to design modalities how to ask people if they want self-determination, even secession." Eine Gruppe, die für sich in Anspruch nimmt, ein Volk zu sein, habe daher das Recht, ein konsultatives Referendum zu veranstalten; dies präjudiziere jedoch nicht die Rechtswirksamkeit des Ergebnisses.[56] In der völkerrechtlichen Diskussion wird nicht versäumt hinzuzu-

---

hängig im Zusammenspiel von verabredeten oder emergierenden Konstitutionalisierungsprozessen entstehen können, können Sie auch in deren Rückabwicklung vergehen.

55 So *Peters* in einer aktuellen Stellungnahme. „Most observers accept the Catalan proposition that they form a 'people' in terms of international law which is entitled to self-determination and which could constitute the 'personal' element of a new state (consisting of a people, a territory, and a government)." EJIL-Blog. https://www.ejiltalk.org/populist-international-law-the-suspended-independence-and-the-normative-value-of-the-referendum-on-catalonia/, letzter Zugriff 1. Juli 2019. Damit sind jedoch, so Peters, wichtige materiale und verfahrensmäßige Bedingungen für die Bildung eines eigenen Staats (noch) nicht erfüllt, ebd.

56 *Scheinin*, Catalans May Not Have the Right to Unilateral Secession – But They Do Possess the Right to Present Such a Claim, Blog of the IACL, AIDC, 9.10.2017. https://iacl-aidc-blog.org/2017/10/09/catalans-may-not-have-the-right-to-unilateral-secession-but-they-do-possess-the-right-to-present-such-a-claim/, letzter Zugriff 3. November 2017.

fügen, dass mit konsultativen und selbst mit bindenden Referenden keine hinreichenden Bedingungen für eine Sezession vorliegen, aber sie verfügt recht freigiebig über die Legitimitätsbedingungen des verfassungspolitischen Mittels, des Unabhängigkeitsreferendums.

Aus der verfassungsrechtlichen Innenperspektive von Staaten, und so auch der spanischen Verfassung, ist das Abhalten eines Unabhängigkeitsreferendums dagegen ein Putsch. Die Fraktionen, die am 6. und 7. September 2017 das Gesetz über ein Unabhängigkeitsreferendum verabschiedet haben, haben unstrittig einen „konstitutionellen *coup d'état*" vollzogen.[57] Damit ist aber die Frage verfassungs*politischer* Legitimität noch nicht entschieden. Nico Krisch räumt ein, dass das katalanische Unabhängigkeitsreferendum am 1. Oktober 2017 nach dem Maßstab der Spanischen Verfassung illegal war, macht aber demokratie- und volkssouveränitätstheoretische Gründe dafür geltend, die Spanische Verfassung im Konfliktfall mit Katalonien nicht für allein maßgeblich anzusehen. Dies liege daran, dass das autorisierende Substrat, auf das sich diese Verfassung beruft, nicht mehr unproblematisch heranzuziehen sei: „Wie andere Verfassungen, so behauptet auch die spanische, auf die verfassunggebende Gewalt des Volkes, in diesem Fall des spanischen Volkes, gegründet zu sein, von der nach Artikel 1 der Verfassung ‚die nationale Souveränität ausgeht'. Doch ist dies bloße Stipulation – der *pouvoir constituant* ist immer eine soziale Konstruktion, eine retrospektive Zuschreibung an einen Träger, der als solcher nicht existiert." In entscheidenden Hinsichten „ist die verfassunggebende Gewalt immer eine Fiktion, die jedoch mal mehr, mal weniger Resonanz in gesellschaftlichen Überzeugungen findet."[58]

Wie konstruiert die Verfassungstheorie den Fall der Unabhängigkeitserklärung einer „sub-staatlichen Nation"? Die führende Autorität auf diesem Gebiet, Stephen Tierney, hat bereits vor mehr als einem Jahrzehnt auf das Phänomen verwiesen, dass „substaatliche Territorien als politische Räume wiederbelebt wurden, innerhalb derer radikale, moderne und demokratische Konzeptionen konstituierender Gewalt ebenfalls mobilisieren."[59] Das merkwürdige Subjekt des Satzes – es sind die Konzeptionen, die hier die verfassunggebende Gewalt mo-

---

57 *Marti*, Seven Steps to Hell: the Catalan Conflict in Full Escalation Mode. Verfassungsblog, 25.10.2017. http://verfassungsblog.de/seven-steps-to-hell-the-catalan-conflict-in-full-escalation-mode/, letzter Zugriff 2. Juli 2019.

58 Übs. des Verfassers. *Krisch*, The Spanish Constitutional Crisis: Law, Legitimacy and Popular Sovereignty in Question. Verfassungsblog, 7 Okt 2017. http://verfassungsblog.de/the-spanish-constitutional-crisis-law-legitimacy-and-popular-sovereignty-in-question/, letzter Zugriff 2. Juli 2019.

59 *Tierney*, 'We the Peoples'. Constituent Power and Constitutionalism in Plurinational States (Fn. 53), S. 230.

bilisieren und nicht umgekehrt –, deutet nicht nur auf die große Vorsicht hin, mit der die Diagnose formuliert wird, sondern auf den konstruktivistischen Charakter der beschriebenen Unternehmungen selbst. Tierney nimmt sub-staatliche Nationalismen in Quebec, Schottland und anderenorts gegen den Vorwurf in Schutz, sie seien vormodern oder undemokratisch, schreckt aber dennoch vor der Existenzbehauptung verfassungstheoretisch unmittelbar anzuerkennender Akteure zurück. Die Gegenposition erscheint ihm allerdings auch nicht überzeugender. Er verwirft den verfassungstheoretischen Monismus Carl Schmitts und erklärt die Auffassung, Einzelstaaten liege ein einheitlicher *demos* zugrunde, zu einer „soziologischen“ Annahme, die oftmals wenig plausibel sei. Plausibler sei die „plurinationalistische“ Ansicht, Einheitsstaaten sollten als „Zusammenschluss präexistierender Völker, in deren Folge sich sub-staatliche nationale Gesellschaften als eigenständige *demoi* weiterentwickelt hätten,“ aufgefasst werden.[60] Tierney betont, dass die erörterten substaatlichen Nationen Bürgernationen seien, *demoi*, keine Ethnien, und insofern an republikanischem Ethos den Staatsvölkern in nichts nachstehen. Für das Schicksal des *pouvoir constituant* heiße dies, dass er nicht in ethnische, vorpolitische oder revanchistische Gruppen zu fragmentieren drohe, sondern sich vielmehr in plurale, zukunftsorientierte, sich republikanisch verstehende territoriale Völker dezentriere. Aus der Sicht substaatlicher nationaler Gesellschaften sind ihre Staaten daher Verbund-Gemeinwesen (*compound polities*), „founded upon the principle of a union of free and equal nations“. Die Pflicht der Verfassungsgeschichtsschreibung bestehe darin, Forderungen nach konstitutioneller Anerkennung einer multinationalen Geltungsgrundlage des Wirts-Staates (*host state*) rechtlich und politisch zu untermauern.[61]

Einige der von Tierney erörterten Fälle gehen tatsächlich auf föderative Verträge zurück, so dass die Bundes-Semantik einen historischen Anknüpfungspunkt hat, so der *Act of Union* zwischen Schottland einerseits, England und Wales andererseits im Jahr 1707. Für andere Verläufe der Staatswerdung oder der demokratischen Neugründung, etwa im Falle Spaniens, muss eine solche virtuelle Geschichte ins Reich der Fantasie verwiesen werden. Eine fantasierte Geschichte rückblickender *Bund*-Werdung, wie sie Tierney zufolge in multinationalen Staaten fingiert wird, kann im Unterschied zum diskutierten, ebenfalls hypothetischen Fall einer Rekonstruktion der Europäischen Verfassung keinen Widerhalt in der bestehenden Staatsverfassung finden. Damit ist ein entscheidender Unterschied zu Tierneys Beweisführung markiert: er kann sich allein auf die von den Akteuren

---

60 *Tierney*, 'We the Peoples' (Fn. 53), S. 231 – 232.
61 *Tierney*, 'We the Peoples', S. 233 – 235.

behauptete oder erfundene Genealogie, nicht die Rekonstruktion einer hypothetischen Verfassunggebung aus einer bestehenden institutionellen Ordnung heraus stützen. Die sub-staatlichen Akteure „beanspruchen Legitimität aus dem Bezug auf einen fundierenden *constitutional moment*, in anderen Worten aus dem Verständnis, dass die sub-staatlichen nationalen Gesellschaften von der Geburt des Staates an ein verfassungsförmiges Recht auf besondere Berücksichtigung (*distinctive accomodation*) verdienten."[62] Wo, wie in Katalonien, jeder um die fiktive Natur eines solchen *constitutional moment* weiß, wird sich aber aus diesem Narrativ kaum politische Legitimität gewinnen lassen. Dennoch folgt auch die katalonische Autonomiebewegung Tierneys Rezept, eine „substaatliche verfassunggebende Gewalt" zunächst als Druckmittel zu aktivieren und eine einseitige Unabhängigkeitserklärung als „Erklärung verfassunggebender Gewalt" anzustreben, so dass die bestehende Staatsverfassung nunmehr als die eines „Unionsstaates" reinterpretiert werden kann.[63] In einer Umkehrung der tatsächlich nicht-kontrahierten Geschichte der Staatswerdung kann dann eine substaatliche Nation sich vorgeblich defensiv gegen die imaginierte Verfassungsusurpation von Seiten des Einheitsstaats wenden.

Tierney schlägt vor, die Entwicklung der EU solle sich ein Beispiel an plurinationalen Staaten als „Fallstudien in multinationaler Koexistenz" nehmen. Dabei ist es wohl eher so, dass plurinationale Einheitsstaaten beginnen, sich anders zu imaginieren und am Modell des Bundes neu zu entwerfen. Es fehlt nicht an Versuchen, nicht-föderierte Gemeinwesen als Föderationen von Staaten neu zu interpretieren, insbesondere wenn sie konstitutionelle Dysfunktionalitäten aufweisen.[64] Der normative Vorschlag ist daher, ganz analog der EU-Diskussion, auch für plurinationale Staaten von einem monistischen zu einem zusammengesetzten Verständnis konstituierender Autorität überzugehen:

> A composite constituent power may then be construed as the origin of the entirety of the constitutional order if the claim to represent is successful for all the different groups involved (even if it does not aim at transcending multiplicity in favor of a unitary collective subject).[65]

62 Ebd., S. 235.

63 Ebd., S. 240 – 242. Solche Konflikte seien häufig nicht „disputes between legitimate constitutional actors and unconstitutional sub-state rebels; they are disputes as to the very meaning of the constitution between two parties … – instances of deep *Kompetenz-Kompetenz* disputation" (ebd., 244, kursive Passage im Original dt.).

64 *Rummens/Sottiaux*, Democratic Legitimacy in the Bund or 'Federation of States': The Cases of Belgium and the EU (Fn. 52).

65 *Krisch*, *Pouvoir constituant* and *pouvoir irritant* in the postnational order, International Journal of Constitutional Law 14, 3, 2016, S. 663.

Das katalonische Unabhängigkeitsreferendum lässt sich dann als versuchte Hervorbringung einer neuen, mit anderen gleichberechtigten konstituierenden Autorität *innerhalb* eines Staates lesen, indem ganz wie im Fall der überstaatlichen Föderation ein horizontal-vertragliches Verhältnis der substaatlich-nationalen Einheiten neben die vertikal übergeordnete staatliche Ebene tritt, so dass in einem Zug eine Föderalisierung und eine Aufstufung der nunmehr dualistisch vorgestellten verfassunggebenden Gewalt erreicht werden könnte.[66]

Wenn wir im Gegensatz zum Völkerrecht die Beanspruchung des Status als Volk durch ein substaatlich-nationales Kollektiv nicht bereits als durch vorgängige Kriterien entschieden ansehen, und doch im Gegensatz zum staatlichen Verfassungsrecht die Beanspruchung eines solchen Status nicht von vornherein ausschließen können, so können wir doch die Prozesse der Generierung des Volks-Status einer Legitimitätsprüfung unterziehen. Wird der Kampf um Autonomie als Kampf um den *pouvoir constituant* verstanden, der nicht innerhalb eines einheitlichen Kollektivs, sondern als Aggregat mehrerer Gruppen und womöglich, wie im *pouvoir constituant mixte,* auf mehreren Ebenen gemeinsam mit anderen ausgeübt werden soll, so sind die in diesen Auseinandersetzungen verwendeten Mittel zu untersuchen. Abschließend soll daher das prioritäre Mittel substaatlicher Verfassungspolitik, das von Autonomiebewegungen angestrengte „Souveränitätsreferendum“[67], im Hinblick auf seine Legitimitätsbedingungen eingeordnet werden. Oben war zwischen der Artikulation, Hervorbringung und Ausübung verfassunggebender Gewalt unterschieden worden, und ich hatte mich dafür ausgesprochen, die Artikulation, nicht aber die Ausübung, als unilateralen Anspruch zu verstehen, der von politischen Bewegungen selbsttätig reklamiert werden kann. Unabhängigkeitsreferenden sind aber in substaatlichen nationalen Gesellschaften ein institutionell induziertes, hochgradig sichtbares, die Zuschnitte von staatlichen Kompetenzen und die bisherige Existenz von *pouvoirs constituants* erschütterndes Phänomen; sie können daher auf ‚bloße‘ Artikulation, wie wir sie im vorangegangenen Abschnitt im zivilen Ungehorsam von Protestbewegungen lokalisiert haben, keinen Anspruch erheben. Es findet sich zwar

66 Das Unabhängigkeitsreferendum lässt sich natürlich ebenso als Versuch substaatlich-nationalistischer Akteure lesen, zur Überwindung interner Vielfalt (*transcending multiplicity*) und zur Abspaltung und Neugründung auf der Basis eines monistischen verfassunggebenden Subjekts beizutragen, anders gesagt auf Kernspaltung hinzuwirken, nicht auf die Analyse und Rekonfiguration eines Moleküls. Zur radikaleren Interpretation katalonischer Autonomie- als Sezessionsbestrebungen vgl. *Oldenbourg*, Wer ist das Volk? Eine republikanische Theorie der Sezession, 2019, S. 353 – 361.

67 Vgl. *Mendez/Germann*, Contested Sovereignty: Mapping Referendums on Sovereignty over Time and Space, British Journal of Political Science 1, 48, 2018, S. 141 – 165.

in der Verteidigung des katalonischen Unabhängigkeitsreferendums das Argument, es handle sich dabei lediglich um eine Form von „civic protest and mobilization, which is all what people did in the end in polling stations in Catalonia." Die Freiheit dazu müsse jede fortschrittliche Demokratie gewährleisten.[68] Im Fall des Referendums wird man dagegen sowohl Elemente der Hervorbringung einer vorher inexistenten konstituierenden Gewalt wie auch deren versuchte Ausübung, mindestens als Versuch der *Bund*-Formierung im Einheitsstaat, konstatieren müssen. Eine Rechtfertigung des Unabhängigkeitsreferendums über die Inanspruchnahme verfassungsmäßiger „freedom of peaceful assembly and of speech"[69] erscheint dort verniedlichend, wo es um die überverfassungsmäßige Aktivierung und versuchte Ausübung eines *pouvoir constituant* geht. Tierney beschreibt das Referendum entsprechend als „dramatic moment of direct democracy which usurps established constitutional understandings with the raw manifestation of what purports to be constituent power".[70] Wenngleich der demokratische Charakter des Referendums bestreitbar bleiben wird, erscheint seine Einschätzung als Manifestation „behaupteter konstituierender Autorität" (*what purports to be constituent power*) fraglos zutreffend: Indem die katalonische Regionalregierung das Referendum veranstaltete, hat sie sich gleichzeitig an der Artikulation, Hervorbringung und Ausübung eines *pouvoir constituant* versucht. Im Unterschied zur DiEM25-Bewegung, die, wie im voranstehenden Abschnitt argumentiert wurde, für die Artikulation und Ausübung in zivilem Ungehorsam und konstituierender Versammlung zwei unterschiedliche Modi der Verfassungspolitik wählt, die einerseits unilateral, andererseits nur omnilateral und maximal inklusiv in Anspruch genommen werden können, handelt es sich um eine einseitige Manifestation, die sich als gleichzeitige Erzeugung und Entscheidung eines *pouvoir constituant* proklamiert. Auch wenn sich die sub-staatliche Nation damit als horizontaler konstitutioneller Verhandlungspartner und nicht als bindungslos souveränes Volk konstituiert, kann doch die Erzeugung dieses Status legitimerweise nicht unilateral vollzogen werden.

---

68 *Marti*, Seven Steps to Hell (Fn. 57).
69 So *Azmanova/Spinelli*, Upholding the Rule of Law in the European Union, Open Letter to Commission President Juncker and European Council President Tusk, 3.11.2017, https://diem25.org/upholding-the-rule-of-law-in-the-european-union/, letzter Zugriff 2. Juli 2019.
70 *Tierney*, I-CONnect Symposium: The Independence Vote in Catalonia-Sovereignty Referendums: Constitutionalism in Crisis?, Int'l J. Const. L. Blog, Oct. 5, 2017, at: http://www.iconnectblog.com/2017/10/i-connect-symposium-the-independence-vote-in-catalonia-sovereignty-referen dums-constitutionalism-in-crisis, letzter Zugriff 2. Juli 2019. Die nicht-normative Anlage von Tierneys vergleichender Analyse wird dadurch deutlich, dass er das Krim-Referendum im selben Atemzug wie das britische Exit-Referendum und die schottischen und katalonischen Unabhängigkeitsreferenden abhandelt.

Am Ende einer erfolgreichen Unabhängigkeitskampagne und nicht, wie im Völkerrecht angenommen, an ihrem Anfang, würde durch die Etablierung verfassunggebender Gewalt ein Volk stehen. Dies ist, wie gesagt, nicht gleichbedeutend mit der Etablierung eines unabhängigen politischen Gemeinwesens, denn die Fragmentierung und Pluralisierung konstituierender Autorität kann, wie im Fall der EU-Föderation, auch durch die Aufstufung eines *pouvoir constituant mixte* innerhalb ein und desselben komplexen politischen Gemeinwesens stattfinden. Ihre Relevanz gewinnen Unabhängigkeitsreferenden damit nicht nur in der Inszenierung einer fantasierten Bundesgeschichte, sondern in der Schöpfung einer neuen Verfassungsrealität: Wer immer es schafft, ein Unabhängigkeitsreferendum zu veranstalten, kreiert damit einen verfassungsevolutionär beachtlichen Umstand. Dies gilt übrigens, wie sich am schottischen Fall ablesen lässt, auch im Falle der Niederlage der Autonomiebewegung im Referendum. Dass Unabhängigkeitsreferenden iterierbar sind, ist ein starker Beleg für die Richtigkeit der hier vertretenen Diagnose, dass sie in erster Linie dazu dienen, ein Volk als Träger konstituierender Autorität hervorzubringen.

5 Schluss

Dass es verfassunggebende Gewalt, und damit ‚Völker', jenseits der Staatsvölker geben kann, lässt sich am Beispiel des *Bundes* zeigen: Im Fall der EU gibt die immanente Evolution des Unionsbürgerstatus dazu Anlass, konstituierende Autorität neu zu konzipieren. Auf der Grundlage der bestehenden Verträge und institutionellen Ordnung kann zunächst konservativ der *status quo* der Allokation von konstituierender Autorität, und damit des Status von einfachen oder komplexen Völkern bestimmt werden. Sich neu herausbildende konstituierende Macht kann in transformativer Absicht artikuliert werden, wie es die Protestaktionen von DiEM25 nahelegen, die nicht nur politischen Wandel, sondern einen Wandel des zugrundeliegenden Legitimationssubjekts, also Volkes, intendieren. Ihre Emergenz kann aber auch durch die gleichzeitige Artikulation und versuchte Ausübung befördert werden, wie das katalonische Souveränitätsreferendum zeigt. Transformative Aktivität, die sich auf konstituierende Autorität richtet, ist aber am besten in den Händen sozialer Akteure aufgehoben, die ihre legitime Artikulation und Ausübung voneinander unterscheiden, und nur für die erstere eine selbsttätige Autorisierung in Anspruch nehmen. Das Mittel des Souveränitätsreferendums (und sei es in konsultativer Absicht, wie von Völkerrechtlern durchweg akzeptiert) ist unabhängig von seinem Ausgang geeignet, neue konstituierende Autoritäten zu schaffen und damit die strittige Existenz von Völkern zu präjudizieren. Souveränitätsreferenden können daher nicht glaubwürdig die

Intention aufrechterhalten, es gehe in ihnen um Meinungsäußerung und die bloße Artikulation konstituierender Autorität, nicht um das Geltendmachen eines neuen *pouvoir constituant*.

Claudia Landwehr

Populismus: Angebots- und Nachfrageseite

1 Einleitung

Das Erstarken rechtspopulistischer Parteien und Bewegungen in vielen entwickelten Demokratien hat in den vergangenen Jahren die sozialwissenschaftliche Forschung belebt und ihre Disziplinen und Teildisziplinen in neuer und fruchtbarer Weise mit einander ins Gespräch gebracht. Stärker als zuvor sehen sich Forscherinnen und Forscher dabei auch in der Pflicht, auf die weitverbreitete Ratlosigkeit mit Erklärungsversuchen und Deutungsangeboten zu reagieren, die für die Öffentlichkeit vermittelbar und nachvollziehbar sind. Wenn es, wie einige Kommentatoren argumentieren, im Anbetracht der populistischen Herausforderung darum geht, die Demokratie selbst zu verteidigen,[1] dann wird der Beitrag der Sozialwissenschaften primär darin liegen, zentrale Begriffe zu definieren, zu besetzen und miteinander in Beziehung zu setzen. Zu diesen Begriffen gehören neben dem des Populismus der Begriff der Demokratie und der Begriff des Volkes, der in diesem Band im Mittelpunkt steht. Mein Beitrag nimmt nicht in Anspruch, alle drei oder auch nur einen dieser Begriffe umfassend zu diskutieren, sondern beschränkt sich darauf nachzuzeichnen, wie populistische Ideologien die Begriffe des Volkes und der Volksherrschaft in einem spezifischen populistischen Demokratieverständnis miteinander verbinden. Dieses populistische Demokratieverständnis kennzeichnet Argumentationsmuster populistischer Denker und Politiker und ist zugleich ein Angebot, das bei Wählerinnen und Wählern deshalb auf Resonanz stößt, weil es dort an bestehende Denk- und Interpretationsmuster anknüpft und diese validiert.

Ich werde im Bemühen um eine Rekonstruktion populistischer Demokratiekonzeptionen und die Untersuchung ihrer praktischen Implikationen in meinem Beitrag wie folgt vorgehen: Der folgende Abschnitt ist dem Begriff des Populismus sowie maßgeblichen und aktuellen Beiträgen zur Populismus-Forschung gewidmet, die ich jeweils mit Blick auf das Verhältnis von Volk und Demokratie im populistischen Denken diskutiere. Abschnitt 3 fragt danach, wer auf dem Markt politischer Ideen die Konkurrenten des Populismus sind und was wir eigentlich aus welchen Gründen gegen diesen verteidigen wollen. Im vierten Abschnitt lege ich auf dieser Grundlage Merkmale eines populistischen Demokratieverständnisses dar und berichte Ergebnisse einer Studie zum Zusammenhang zwischen

1 *Lewitsky/Ziblatt*, How Democracies die, 2018; *Runciman*, How democracy ends, 2018.

https://doi.org/10.1515/9783110599510-007

populistischen Demokratiekonzeptionen bei Bürgerinnen und Bürgern und der Wahl der Alternative für Deutschland (AfD), also einer gemeinhin als populistisch klassifizierten Partei. Abschließend möchte ich einige Überlegungen zu der Frage anbieten, ob der liberaldemokratische Verfahrenskonsens durch populistische Demokratiekonzeptionen gefährdet ist und wie er zu sichern und zu revitalisieren wäre.

2 Populismus als politische Ideologie

Der Begriff des Populismus ist, wie alle zentralen politischen Begriffe, ein umkämpfter. Je mehr der Populismus als praktische Herausforderung und Bedrohung für die Demokratie wahrgenommen wird, desto schwieriger wird es sein, zu einer konsensuellen Bestimmung des Begriffs zu gelangen – schließlich hat eine solche dann unmittelbare politische Implikationen. In der Regel wird der Begriff im deutschsprachigen Raum mit abwertender Konnotation verwendet, er stellt einen gängigen Vorwurf an den politischen Gegner dar. Dabei kommt es offensichtlich zu einer Überdehnung des Populismus-Begriffs: Manchmal entsteht der Eindruck, dass schon Popularität allein ausreicht, um als Populist bezeichnet zu werden bzw. der Verweis auf fehlende Popularität eine Verteidigung gegen den Populismus-Vorwurf ist. Fast jeder sehr populäre Politiker, auch Barack Obama, Angela Merkel oder Emanuel Macron, wurde schon als Populist bezeichnet, und in der Bevölkerung beliebte Forderungen oder Maßnahmen werden vom Gegner regelmäßig als populistisch abgetan.

Zur Strukturierung der Populismus-Debatte schlägt Paula Diehl ein mehrdimensionales und graduelles Populismus-Konzept vor.[2] Als Dimensionen unterscheidet sie eine ideologische, eine kommunikative und eine organisatorische: während der Populismus in der ideologischen Dimension sinnstiftende Narrative, Rechtfertigungen und Handlungsgründe anbietet, geht es in der kommunikativen Dimension um sprachliche und ästhetische Stilmittel (z. B. Personalisierung, Vereinfachung, Verwendung bestimmter Symbole, Show-Inszenierungen). In der organisatorischen Dimension schließlich stellt sich die Frage, ob und inwieweit populistische Parteien und Bewegungen durch Strukturen gekennzeichnet sind, welche die entsprechende Ideologie und Demokratiekonzeption auf der institutionellen Ebene nahelegen, etwa Beteiligungsstrukturen, die unmittelbare Responsivität für den „Volkswillen" versprechen oder die Orientierung auf eine

2 *Diehl*, Die Komplexität des Populismus. Ein Plädoyer für ein mehrdimensionales und graduelles Konzept, Totalitarismus und Demokratie 2011, 8(2), S. 273.

Führerfigur, die als Sprachrohr des Volkes wahrgenommen wird. Beispiel für die populistische Organisationsform einer Bewegung bzw. Partei wäre etwa Beppe Grillos MoVimento 5 Stelle.[3] Das 2017 erschienene Oxford Handbook of Populism unterscheidet in durchaus ähnlicher Weise zwischen einem ideen-zentrierten (oder ideologischen, *ideational*), einem politisch-strategischen und einem soziokulturellen Ansatz in der Populismusforschung.[4] Eine graduelle statt kategorische Beschreibung von Ideologien, Praktiken und Strukturen als mehr oder weniger populistisch[5] erlaubt dann eine differenziertere Beschreibung und Einordnung entsprechender Phänomene. So weist etwa Emmanuel Macrons *En Marche!*-Bewegungspartei teilweise populistische Organisationsstrukturen auf, ohne jedoch in ideologischer Hinsicht populistisch orientiert zu sein, während die rechtsextreme NPD faschistische und populistische Ideologie verbindet, ohne erfolgreich auf populistische Kommunikationsstrategien zurück zu greifen.

Ich möchte in diesem Beitrag den Fokus auf die ideologische Dimension des Populismus richten und die ohne Frage ebenfalls relevanten Dimensionen der Kommunikation und Organisation zunächst vernachlässigen. Das Motiv für die Auswahl eines solchen ideenzentrierten Ansatzes liegt in der Tatsache, dass es letztlich politische Ideen, Begriffe und Narrative sind, die populistische Kandidaten und Parteien, die als politische Unternehmer den Wählerinnen und Wählern ein Angebot unterbreiten, mit eben diesen und ihrer Nachfrage verbindet. Einfacher ausgedrückt: es ist davon auszugehen, dass Populisten dann im politischen Wettbewerb und in Wahlen erfolgreich sind, wenn sie erfolgreich an Ideen und Vorstellungen appellieren, die bei ihren Wählerinnen und Wählern zumindest in rudimentärer Form bereits vorhanden sind, und diese mit einem überzeugenden Narrativ validieren und mobilisieren. Arlie Russel Hochschilds ethnografische Studie *Strangers in their Own Land* zeigt exemplarisch das Potenzial einer solchen ideenzentrierten Analyse auf: Hochschild erzählt eine aus zahlreichen Gesprächen in Louisiana geronnene *deep story*, die individuelle und gruppenbezogene Wertvorstellungen, Erfahrungen und Enttäuschungen einordnet und die Donald Trump schließlich erfolgreich mobilisieren konnte.[6]

Als Ideologie verstehe ich im Folgenden ein in sich mehr oder weniger geschlossenes System von Annahmen, Wertvorstellungen und Weltanschauungen, das eigene Entscheidungen motiviert und rechtfertigt. Eine Ideologie stellt also Handlungsgründe zur Verfügung, die prinzipiell auf andere übertragbar sind und mehr oder weniger geteilt werden können. Die Rekonstruktion einer Ideologie

3 *Müller*, Was ist Populismus?: ein Essay, 2016, S. 56 – 57.
4 *Kaltwasser/Taggart/Espejo/Ostiguy*, The Oxford handbook of populism, 2017.
5 *Diehl*, Die Komplexität des Populismus (Fn. 2).
6 *Hochschild*, Strangers in their own land: Anger and mourning on the American right, 2018.

muss an ihren Kernbegriffen ansetzen und nachzeichnen, wie diese zueinander in Beziehung gesetzt werden. In unterschiedlicher Form, aber mit ähnlicher Aussage tun dies der in Deutschland einflussreiche Essay „Was ist Populismus?" von Jan-Werner Müller[7] und die *Very Short Introduction* von Cas Mudde und Cristobal Rovira Kaltwasser.[8] Letztere definieren die populistische Ideologie als:

> ... a thin-centred ideology that considers society to be ultimately separated into two homogenous and antagonistic camps, „the pure people" versus „the corrupt elite," and which argues that politics should be an expression of the volonté générale (general will) of the people.[9]

Mudde und Kaltwasser stellen also drei Begriffe in den Mittelpunkt der Analyse populistischer Ideologien: den Begriff des Volkes, den der Eliten und den des Gemeinwillens. Allerdings ist der Gemeinwillen letztlich vom („wahren") Volk abgeleitet – es kann ihn rein konzeptionell nicht unabhängig vom Volk geben, auch wenn ein Volk ohne Gemeinwillen denkbar ist. Die Elite wiederum kommt nur als negativer Gegenbegriff zum „wahren Volk" und als Erklärung dafür, dass ihr vermeintlicher Gemeinwille auch in der Demokratie nicht verwirklicht wird, ins Spiel. So bleibt der Begriff des Volkes letztlich *der* zentrale und Kernbegriff des Populismus. Als politische Ideologie beantwortet der Populismus mit dem Volksbegriff die Frage nach legitimer Herrschaft und entwickelt ein spezifisches Verständnis von Volksherrschaft und Demokratie, für dessen Verständnis wiederum der populistische Volksbegriff zentral ist.

Bei Mudde und Kaltwasser ist das Volk, auf das Populisten Bezug nehmen, eine letztlich willkürliche Konstruktion.[10] Sie verweisen auf Laclau, der von einem „empty signifier" gesprochen hat, mit dem beliebig an sehr unterschiedliche Gruppen appelliert werden kann.[11] Diesem stehen die „korrupten Eliten" als das Andere schlechthin, als Feind gegenüber. Diesen Eliten gelingt es dann (im Sinne der populistischen Ideologie), den Gemeinwillen zu unterdrücken, wobei Medien, Experten und verzerrte Repräsentation als Instrumente eine Rolle spielen. Müller macht deutlich, dass die populistische Idee eines „wahren Volkes" stets nur einen Teil der tatsächlichen Bürgerinnen und Bürger eines Staates umfasst und alle Andersseienden oder Andersdenkenden ausschließt: „Wer sich den Populisten

---

7 *Müller*, Was ist Populismus (Fn. 3).
8 *Mudde/Kaltwasser*, Populism: A very short introduction, 2017.
9 *Mudde/Kaltwasser*, Populism (Fn. 8), S. 6.
10 *Mudde/Kaltwasser*, Populism (Fn. 8), S. 9.
11 *Laclau*, On populist reason, 2005.

nicht anschließt, schließt sich selber aus."[12] Die Vorstellung des wahren Volkes ist die eines präpolitischen, nicht institutionalisierten Volkes,[13] gegen das es aus Sicht der Populisten eine unheilige Allianz zwischen Eliten und parasitären Unterschichten wie Flüchtlingen und anderen Minderheiten gebe. Dieser setzt die populistische Konzeption von Volksherrschaft die Idee eines imperativen Mandates des wahren Volkes, als dessen Sprachrohr sich die Populisten verstehen, und die Fiktion einer Aufhebung der Trennung zwischen Herrschern und Beherrschten – also eine identitäre Demokratietheorie entgegen. Diehl argumentiert mit Blick auf den Volksbegriff des Populismus:

> Hier [beim Volk im Sinne des Populismus] handelt es sich aber keineswegs um die soziologische Realität, sondern um die Konstruktion einer idealisierten und homogenen Gruppe. Das Volk wird als Quelle der Wahrheit betrachtet. Zentral dafür ist das Volkssouveränitätsprinzip, das ebenso für die Demokratie grundlegend ist. In seiner ideologischen Dimension geht der Populismus von Rousseaus Annahme aus, die Wahrheit liege beim Volke, und setzt das konkrete bzw. soziologische Volk mit dem ideellen und abstrakten Volk gleich. Damit thematisiert der Populismus ein ungelöstes und verdrängtes Problem der Demokratie: den Abstand zwischen Mehrheitsbestimmung und Gemeinwillen.[14]

Das ungelöste und vermeintlich verdrängte Problem der Demokratie, auf das Diehl hier anspielt, steht auch im Mittelpunkt der luziden Analyse von Margaret Canovan, die 1997, also zu einem Zeitpunkt, zu dem der der Populismus zumindest in Europa eine eher abstrakte Bedrohung der liberalen Demokratie darstellte, zwei Gesichter der Demokratie unterschied.[15] Anschließend an Oakeshotts Gegenüberstellung der „Politics of Faith" und der „Politics of Skepticism"[16] argumentiert Canovan, dass die moderne Demokratie durch das Spannungsverhältnis zwischen romantischen Erlösungsphantasien (*the redemptive face*) und notwendigem Pragmatismus (*the pragmatic face*) gekennzeichnet sei. Die Kluft zwischen beiden könnten sich Populisten mit dem Versprechen einer besseren Welt durch unmittelbare Volksherrschaft zunutze machen:

> Inherent in modern democracy, in tension with its pragmatic face, is faith in secular redemption: the promise of a better world through action by the *sovereign people*. [...] For the content of democracy's redemptive promise is *power to the people*; we, the people, are to take charge of our lives and to decide our own future. Unfortunately, this promise is in deep and

12 *Müller*, Was ist Populismus (Fn. 3), S. 53.
13 *Müller*, Was ist Populismus (Fn. 3), S. 61.
14 *Diehl*, Die Komplexität des Populismus (Fn. 2), S. 280.
15 *Canovan*, Trust the people! Populism and the two faces of democracy, Political Studies 47(1), 1999, S. 2.
16 *Oakeshott*, The politics of faith and the politics of scepticism, 1996.

> inescapable conflict with democracy viewed in the cold light of pragmatism, and the gap between the two is a fruitful breeding-ground for populist protest.[17]

Auch wenn Canovan ihre Gegenüberstellung der zwei Gesichter der Demokratie nicht mit Sartoris Problematisierung der Kluft zwischen demokratischem Ideal und Wirklichkeit gleichsetzen möchte,[18] macht sich der Populismus in ihren Augen die Lücke zwischen Versprechen und tatsächlichen Leistungen der Demokratie zur Mobilisierung von Protest und Unterstützung zunutze. Wo die Bürgerinnen und Bürger Herrschaft des Volkes erwarten, können sie, wie Urbinati feststellt, plausibler Weise allenfalls erwarten, mittel-oder langfristig und in inkrementellen Schritten Dinge zu verändern, die sie stören.[19] Insoweit das Auftreten einer solchen Lücke zwischen Versprechen und Leistung letztlich unvermeidlich ist, wird, wie Arditi in einer Antwort auf Canovan feststellt, der Populismus zum zwangsläufigen Begleiter der Demokratie, zum ungeliebten Gast, der die Party ruiniert[20] oder, in einem Vergleich John Keanes, zu einer Autoimmunerkrankung der Demokratie, die in regelmäßigen Abständen wieder aufflammt.[21]

Ein gebrochenes Versprechen und die resultierende „kollektive Enttäuschungserfahrung" sehen auch Jörke und Selk als Ursache für den Populismus, wobei es in ihren Augen weniger das Herrschaftsversprechen als das Versprechen sozialer und politischer Gleichheit ist, das Demokratien in der Praxis nicht erfüllen.[22] Wenn soziale Ungleichheit die Ursache von Unzufriedenheit und Protest ist, stellt sich jedoch die Frage, ob nicht eine linke Bewegung als Reaktion näherliegen sollte als eine rechte – schließlich sind soziale und politische Gleichheit das Kernanliegen der Linken. Ist Populismus zwangläufig rechts, oder ist ein linker Populismus genauso möglich? Mudde und Kaltwasser definieren den Populismus als „dünne Ideologie" (s. o.), die als solche die wesentlichen politischen Fragen nicht beantworten könne und deshalb auf die Ergänzung durch komplementäre, vollständigere Ideologien angewiesen sei – die jedoch ebenso gut rechts (Nationalismus, Faschismus) wie links (Sozialismus) sein könnten.[23] In der Tat

---

17 *Canovan*, Trust the people! (Fn. 15), S. 11 (Hervorhebung hinzugefügt).

18 *Sartori*, The Theory of democracy revisited, 1987.

19 *Urbinati*, Democracy Disfigured. Opinion, Truth, and the People, 2014; s. a. *Stoker*, Can the governance paradigm survive the rise of populism?, 2018.

20 *Arditi*, Populism as a spectre of democracy: a response to Canovan, Political Studies 52(1), 2004, S. 135.

21 *Keane*, The life and death of democracy, 2009.

22 *Jörke/Selk*, Theorien des Populismus, 2017, S. 96.

23 *Mudde/Kaltwasser*, Populism (Fn. 8), S. 19.

scheinen Umverteilungsforderungen mit der populistischen Ideologie grundsätzlich kompatibel und fordern gemeinhin als rechtspopulistisch eingeordnete Parteien und Kandidaten zum Teil durchaus einen Ausbau des Wohlfahrtsstaates. Diese Forderungen bleiben jedoch „wohlfahrtschauvinistisch" – Sozialleistungen sollen ausschließlich Mitgliedern der eigenen Gruppe (dem „wahren Volk") zugutekommen. Hinsichtlich der Möglichkeit eines nicht ausschließenden und fremdenfeindlichen, sondern auch im emanzipatorischen Sinne linken Populismus wie ihn insbesondere Mouffe und Laclau fordern[24] argumentiert Müller jedoch überzeugend, dass die zentrale Stellung des Volksbegriffes diesen letztlich widersprüchlich mache.[25] Es scheint nicht möglich, ein „Volk" in Opposition zu den „Kräften des Neoliberalismus" zu entwerfen, ohne dabei die Grenzen dieses Volkes definieren und seine innere Pluralität zu verneinen. Anders ausgedrückt: weil der Volksbegriff im Mittelpunkt der populistischen Ideologie steht, ist diese zwangsläufig anti-pluralistisch und deshalb inkompatibel mit liberalen Ideologien. Auch wenn linke und liberale Parteien, Kandidaten und Bewegungen auf für den Populismus charakteristische Stilmittel und Organisationsstrukturen zurückgreifen können, ist das Demokratieverständnis des Populismus mit ihren Zielen und Werten letztlich inkompatibel.

Um das populistische Demokratieverständnis auch in seinen konkreten institutionellen Implikationen darzulegen, möchte ich es im folgenden Abschnitt zu konkurrierenden Demokratiekonzeptionen in Beziehung setzen und dabei auch die Frage beantworten, welche Ideen und Institutionen es eigentlich gegen den Populismus zu verteidigen gilt.

3 Populismus, Elitismus und Pluralismus

Die Gegenüberstellung von populistischen und konkurrierenden Demokratiekonzeptionen erfolgt hier in der Absicht, von einer essentialistischen Perspektive – was ist Populismus, wie können wir ihn definieren? – zu einer relationalen zu gelangen: was lehnen an populistische Ideologien anschließende Demokratiekonzeptionen ab, was bewerten sie anders als konkurrierende Konzeptionen?[26] Zwar ließe sich prinzipiell argumentieren, dass es ähnlich viele Demokratietheorien und -konzeptionen wie Demokratietheoretiker oder Bürgerinnen und Bürger gibt. Allerdings vernachlässigt eine solche auf Vielfalt und Differenz

24 *Mouffe*, Für einen linken Populismus, 2018; *Laclau*, On populist reason (Fn. 11).

25 *Müller*, Was ist Populismus (Fn. 3), S. 117.

26 S. *Bickerton/Accetti*, Populism and Technocracy, The Oxford Handbook of Populism, 2017, S. 326.

konzentrierte Perspektive die klar erkennbaren Strukturen und beträchtlichen Überschneidungen, die es sowohl in akademischen Diskussionen über die Demokratie als auch im Alltagsverständnis der Bürgerinnen und Bürger gibt. Es ist also durchaus möglich, konkurrierende Schulen und Denktraditionen zu identifizieren und diese zur politischen Ideologie des Populismus in Beziehung zu setzen – sowohl mit Methoden der Ideengeschichte[27] als auch mit Mitteln der Einstellungsforschung[28].

Naheliegende Konkurrenz des Populismus auf dem Markt politischer Ideen sind Varianten des Elitismus, die der Idee der Volksherrschaft (wie auch immer das Volk in ihr definiert sein mag) die der Eliten- oder Expertenherrschaft entgegensetzt und die Wähler („das Volk") in ihren Kompetenzen abwertet und als unfähig zur rationalen individuellen und kollektiven Willensbildung ansieht. Das elitistische Politikverständnis ist dabei zugleich ein epistemisches und ein instrumentelles. Es ist insofern epistemisch, als dass es von unabhängigen, vorpolitischen Standards für gute oder „korrekte" politische Entscheidungen ausgeht. Aufgabe der Politik und Demokratie ist es damit, die Einhaltung dieser Standards bei kollektiven Entscheidungen sicherzustellen, oder, anders ausgedrückt, die Wahrheit darüber, welche Entscheidung die „richtige" ist, aufzudecken. Das elitistische Demokratieverständnis ist insofern letztlich ein rein instrumentelles, demzufolge die Demokratie nur ein der Autokratie überlegenes Instrument zur Wahrheitssuche darstellt. Ihre inklusiven Verfahren der Mehrheitsentscheidung können und sollen diesem Verständnis zufolge dann und insoweit durch andere Verfahren ersetzt werden, wie sie dieser Wahrheitssuche im Wege stehen. So argumentiert etwa Pettit explizit für Expertengremien, die majoritäre Institutionen und Entscheidungen unter bestimmten Umständen ersetzen müssen: „As war is too important to be left in the hands of the generals, democracy—deliberative democracy—is too important to be left in the hands of the politicians."[29] Nadia Urbinati charakterisiert das Demokratieverständnis, das hier zum Ausdruck kommt als „unpolitische Entstellung" der Demokratie, in welcher die Interessen und Willensbekundungen der Bürgerinnen und Bürger vollständig der rationalen Prüfung von Argumenten und Urteilen unterworfen werden.[30]

Hinsichtlich der institutionellen Implikationen gibt es Parallelen zwischen epistemisch-elitistischen Demokratiekonzeptionen und dem für die politische

---

27 Z.B. *Saage*, Demokratietheorien: Historischer Prozess—Theoretische Entwicklung—Soziotechnische Bedingungen. Eine Einführung, 2012.

28 *Landwehr/Steiner*, Where Democrats Disagree: Citizens' Normative Conceptions of Democracy, Political Studies 65(4), 2017, S. 786 – 804.

29 *Pettit*, Depoliticizing Democracy, Associations 7(1), 2003, S. 23 – 36.

30 *Urbinati*, Democracy Disfigured (Fn. 19).

Praxis stärker anschlussfähigen Governance-Paradigma. Auch wenn im Governance-Paradigma der Input zu Entscheidungen weniger in begründeten Urteilen als in begründeten Interessen liegt, an Entscheidungen eher *Stakeholder* (Betroffene) als Experten beteiligt werden und das Ziel dieser weniger in der Wahrheitsfindung als in der Wohlfahrtsoptimierung liegt, sind die Institutionen und Strukturen, für die Elitismus und Governance-Paradigma Rechtfertigungsangebote machen, ähnliche, nämlich letztlich technokratische. In Gremien funktionaler, also auf spezifische Politikfelder oder sogar einzelne Entscheidungen bezogener Repräsentation, wie sie sich insbesondere auf Ebene der Europäischen Union finden, sind Stakeholder oftmals kaum von Experten abzugrenzen und Prozesse auf die Produktion „guter" oder „rationaler" Entscheidungen ausgerichtet.[31]

Die ideologischen Unterschiede zwischen Elitismus und Populismus, der sich ja zentral auch als Anti-Elitismus versteht, liegen somit klar auf der Hand. Interessanter und mit Blick auf die Einordnung empirischer Phänomene noch aufschlussreicher sind jedoch die Gemeinsamkeiten, die implizit bereits von Urbinati[32] und explizit zugespitzt von Danielle Caramani[33] sowie Christopher Bickerton und Carlo Invernizzi Accetti[34] herausgearbeitet wurden. Bickerton und Accetti stellen fest, dass sowohl Elitismus (bzw. in ihrer Terminologie: Technokratie) als auch Populismus im Kern apolitisch sind.[35] Dieser apolitische Charakter folgt aus der Exogenisierung des Gemeinwohls beziehungsweise Volkswillens, also der Unterstellung eines unabhängigen, vorpolitischen Standards für die Qualität politischer Entscheidungen. Diese Unterstellung ist zwangsläufig antipluralistisch, weil sie jede Opposition gegen die von Experten beziehungsweise vom „Volk" getroffene Entscheidung irrational und illegitim macht. Die Exogenisierung von Gemeinwohl und/oder Volkswillen führt zugleich zwangsläufig zu einer Entwertung demokratischer Verfahren, denen kein intrinsischer, sondern nur ein rein instrumenteller Wert zugesprochen wird. So befürworten

---

31 Beispiele für funktionale Repräsentation in der EU sind etwa die Ministerräte, in denen die Fachminister der Länder, oftmals vertreten durch hochrangige (Experten)-Beamte Entscheidungen treffen oder die durch die „Offene Methode der Koordinierung" in einzelnen Politikfeldern etablierten Netzwerke. Zum Verhältnis des Governance-Paradigmas zum Populismus siehe *Stoker*, (Fn.19).

32 *Urbinati*, Democracy Disfigured (Fn. 19).

33 *Caramani*, Will vs. reason: The populist and technocratic forms of political representation and their critique to party government, American Political Science Review 111(1), 2017, S. 54.

34 *Bickerton/Accetti*, Populism and Technocracy (Fn. 26); *dies.*, Populism and technocracy: opposites or complements?, Critical Review of International Social and Political Philosophy 20(2), 2017, S. 186.

35 *Bickerton/Accetti*, Populism and Technocracy (Fn. 26), S. 326.

Populisten das Referendum (oder vielmehr: das Plebiszit) als Mittel zur unmittelbaren Implementation des Volkswillens, sprechen aber repräsentativen Verfahren der Entscheidungsfindung durch Deliberation und Interessenausgleich die Legitimität ab. Im Elitismus tritt an die Stelle des Plebiszits die technokratische Entscheidung durch Experten oder Stakeholder, der sich repräsentative Institutionen anschließen oder beugen sollen.

Sowohl für Bickerton und Accetti als auch für Caramani treten die Besonderheiten des populistischen und elitistisch-technokratischen Demokratieverständnis besonders klar zu Tage, wenn man betrachtet, was sie jeweils ablehnen:

> At the most abstract level, we can therefore say that the complementarity between populism and technocracy can be observed in their shared rejection of two key political categories: political mediation and procedural legitimacy.[36]

> People or experts? [...] Both [populism and technocracy] are examples of „unmediated politics" dispensing with intermediate structures such as parties and representative institutions between a supposedly unitary and common interest of society on the one hand and elites on the other.[...] populism stressing the centrality of a putative will of the people in guiding political action and technocracy stressing the centrality of rational speculation in identifying both the goals of a society and the means to implement them.[37]

Ideologisch zentral sind also sowohl im elitistischen als auch im populistischen Denken die Fiktion von Unmittelbarkeit der Herrschaft und die monistische Idee eines objektiven, einheitlichen Gemeinwohls, die sich im Populismus mit dem Verweis auf das „wahre Volk", im Elitismus mit dem Anspruch auf Rationalität bzw. Wahrheit verbindet. Und damit wird auch klar, dass das Gegenstück zum Populismus auf der ideologischen Ebene nicht der Elitismus, sondern der Pluralismus und auf der institutionellen Ebene nicht die Technokratie, sondern die repräsentative Parteiendemokratie ist.

Tabelle 1 stellt zusammenfassend die ideologischen Grundkomponenten des populistischen Demokratieverständnisses ihren konkreten institutionellen Implikationen und insbesondere der aus ihnen resultierenden Kritik an bestehenden Institutionen gegenüber. Auf dieser Basis erschließt sich dann ein Instrument zur Messung populistischer Demokratiekonzeptionen, das ich gemeinsam mit Nils Steiner entwickelt habe und das es ermöglicht, die Prävalenz populistischer Demokratiekonzeptionen bei Bürgerinnen und Bürgern, also auf der Nachfrageseite des Marktes politischer Ideen, zu untersuchen.[38]

---

36 *Bickerton/Accetti*, Populism and Technocracy (Fn. 26), S. 331.

37 *Caramani*, Will vs. Reason (Fn. 33), S. 54.

38 *Steiner/Landwehr*, Populistische Demokratiekonzeptionen und die Wahl der AfD, Politische Vierteljahresschrift (PVS), 59(3), 2018, S. 463.

Tabelle 1: Ideologische Bestandteile und institutionelle Implikationen populistischer Demokratiekonzeptionen

Ideologische Komponente	**Institutionelle Implikationen**
Majoritarismus	Ablehnung von Minderheitenrechten und Minderheitenschutz
	Ablehnung von gegenmajoritären Institutionen (Gerichte, Zentralbanken)
	Ablehnung von Gewaltenteilung
	Verlangen nach unmittelbarer Responsivität für Mehrheits- bzw. Volkwillen
Anti-Pluralismus	Delegitimierung von Opposition, Befürwortung von Zensur und Sanktionen gegen den politischen Gegner
	Ablehnung von Verfahren, die Interessen- und Wertpluralismus implizit oder explizit anerkennen und auf Verständigung und Ausgleich abzielen
Anti-Prozeduralismus	Ablehnung von vermittelnden Institutionen wie Parteien und Medien
	Ablehnung parlamentarischer, repräsentativ-demokratischer Entscheidungen
	Imperatives Mandat für Abgeordnete
	Forderung nach Plebisziten („direkter Demokratie")
	Ablehnung und Verweigerung von Vermittlung und Ausgleich

4 Populistische Demokratiekonzeptionen und die Nachfrageseite des Populismus

Die in Tabelle 1 aufgeführten ideologischen Komponenten, vor allem aber die konkret daraus resultierende Kritik an bestehenden Institutionen und Forderung nach Veränderungen können populistische Parteien und ihre Kandidaten mit ihren Wählerinnen und Wählern verbinden. Das Angebot, das diese auf dem politischen Markt machen, trifft auch deshalb auf eine entsprechende Nachfrage, weil es erfolgreich an in der Bevölkerung bereits vorhandene Einstellungsmuster appelliert. Diese Einstellungsmuster, oder konkreter: Demokratiekonzeptionen der Wählerinnen und Wähler können durch politische Kommunikation, Medienberichterstattung oder eigene Erfahrungen geprägt sein. Gerade bei populistischen Mustern liegt die Vermutung nahe, dass Enttäuschungen, Statusverlust und damit einhergehende Ressentiments und objektive Benachteiligung eine Rolle spielen.[39] Mein zentrales Anliegen hier ist es jedoch nicht, die sozialen und ökonomischen Ursachen für das Erstarken des Populismus zu untersuchen, sondern darzulegen, wie das in den voranstehenden Abschnitten herausgearbeitete populistische Demokratieverständnis bei zumindest einem Teil der Bürgerinnen und Bürger als Resonanzboden für die Angebote populistischer Parteien und Kandidaten fungiert. Anders ausgedrückt möchte ich argumentieren, dass diese nicht nur, aber auch deshalb gewählt werden, weil sie Elemente einer populistischen Demokratietheorie verwenden, um an ein latentes populistisches Demokratieverständnis zu appellieren.

Was heißt „nicht nur, aber auch“? Ich gehe davon aus, dass die Ursachen für die Wahl populistischer Parteien unterschiedliche sein können und dass sie nicht ausschließlich populistischer Natur sind. Das heißt, dass nicht jeder Wähler der Populisten selbst ein Populist ist oder diese ausschließlich deshalb wählt, weil sie Populisten sind. Vielmehr können die Ursachen für die Wahl von Populisten auf der *Politics*-, der *Policy*- oder der *Polity*-Ebene liegen. Auf der *Politics*-Ebene, also der Ebene politischer Interaktion, geht es um den Protest gegen Entscheidungsträger und den Ablauf konkreter politischer Entscheidungsverfahren. Protest, auch gegen Eliten generell, ist keinesfalls grundsätzlich populistisch oder gefährlich. Vielmehr kann er für Demokratien auch eine wichtige Ressource darstellen: gerade die Kontrolle von Entscheidungsträgern nicht nur durch rechtliche und organisatorische *checks and balances*, sondern auch durch die demokratische Öffentlichkeit sichert den Pluralismus. Auf der *Policy*-Ebene geht es um die Ablehnung konkreter politischer Maßnahmen und Programme und/oder die Forderung nach alternativen Maßnahmen. In dieser Hinsicht beschreiben Mudde und Kaltwasser den Populismus als „dünne Ideologie“ und gehen davon aus, dass sich der Populismus sowohl mit rechten als auch linken Ideologien paaren und mit sehr unterschiedlichen konkreten Forderungen, beispielsweise nach der Begrenzung von Zuwanderung oder nach Umverteilung, verbunden werden kann. Die Populisten, die uns aktuell die meisten Sorgen bereiten, vertreten extrem konservative, autoritäre Ideologien und fremdenfeindliche Positionen. Wie oben dargelegt, sehe ich hier anders als Mudde und Kaltwasser durchaus eine *elective affinity* und halte neben einem rechts-autoritären zwar einen ökonomisch linken Populismus für denkbar, nicht jedoch einen liberal-emanzipativen. Entscheidend sind an dieser Stelle jedoch die Motive, die auf der *Polity*-Ebene liegen, eben in einem dezidiert populistischen Demokratieverständnis. Ich gehe davon aus, dass jeder der drei Typen von Gründen auf der *politics*-, *policy*- und *polity*-Ebene oder

39 Siehe etwa *Inglehart/Norris*, Trump, Brexit, and the rise of Populism: Economic have-nots and cultural backlash, 2016.

eine Kombination aus ihnen die Wahl populistischer Parteien bedingen kann, wobei jedoch keiner hinreichend oder notwendig ist. In den empirischen Analysen, die ich im Folgenden präsentieren werde, wird die Ausprägung populistischer Demokratiekonzeptionen bei den Wählerinnen und Wählern der deutschen Parteien dargestellt. Zudem wird der Einfluss solcher populistischer Demokratiekonzeptionen auf die Wahrscheinlichkeit einer Wahlabsicht für die AfD geprüft – unter Kontrolle auf Motive auf der *Politics*- und *Policy*-Ebene, also Protestmotive und rechte bzw. fremdenfeindliche Einstellungen (siehe Steiner and Landwehr, 2018).

Tabelle 2: Auflistung von Items zur Messung populistischer Demokratiekonzeptionen auf Basis des GESIS-Panels. Antwortskala jeweils von 1 „stimme überhaupt nicht zu" bis 7 „stimme voll und ganz zu". Befragung in Welle „cd" (August/September 2015) des GESIS-Panels.

Majoritarismus	„Rechte von Minderheiten müssen auch vor Mehrheitsentscheidungen geschützt sein." (negativ)
	„Mehrheitsentscheidungen müssen gelten, auch wenn dadurch Rechte von Minderheiten eingeschränkt werden."
	„Wenn sich für eine politische Entscheidung eine große Mehrheit in der Bevölkerung findet, spricht das dafür, dass die Entscheidung richtig ist."
Anti-Pluralismus	„Die Auseinandersetzungen zwischen verschiedenen Interessengruppen in unserer Gesellschaft schaden dem Allgemeinwohl."
	„In der Regel lassen sich Konflikte nicht durch Diskussionen und Verhandlungen lösen."
Anti-Prozeduralismus (Unmittelbarkeit)	„Die Regierung sollte auch dann an geplanten Maßnahmen festhalten, wenn die Mehrheit der Bürger dagegen ist." (negativ)
	„Die Parlamentsabgeordneten sollten nach ihrem Gewissen entscheiden, auch wenn die Mehrheit der Bürger gerade einmal anderer Meinung ist." (negativ)
	„Die Regierung sollte geplante Maßnahmen ändern, wenn die Mehrheit der Bürger sie nicht unterstützt."

Die Einstellungen der Europäer zur Demokratie wurden 2012 im Rahmen des European Social Survey (ESS) umfassend untersucht.[40] Gerade für die westeuropäischen Länder und zumal für Deutschland wurde hierbei deutlich, dass es einen breiten Verfahrenskonsens gibt, was Prinzipien der Rechtsstaatlichkeit und

40 *Ferrin/Kriesi*, How Europeans View and Evaluate Democracy, 2016.

Kernbestandteile der elektoralen Demokratie angeht. Bei den entsprechenden Items finden sich sehr hohe durchschnittliche Zustimmungswerte und kaum Varianz. Dass es einen solchen Minimalkonsens gibt, ist einerseits eine gute Botschaft für die Demokratie. Andererseits stellt sich die Frage, ob sich hinter dem Konsens nicht eine größere Vielfalt von Meinungen und Einstellungen zur Demokratie verbirgt, die zu untersuchen und erklären wäre. Die Demokratiekonzeptionen der meisten Bürgerinnen und Bürger werden weniger elaboriert und vielleicht auch nicht vollständig konsistent sein, nichtsdestotrotz können wir davon ausgehen, dass fast jeder und jede eine eigene, wenn auch bruchstückhafte Theorie der Demokratie besitzt, die in bestimmten Einstellungsmustern zum Vorschein kommt.

Nils Steiner und ich haben auf Basis von Daten des Gesis Panels,[41] über das wir 2015 einen gemeinsam mit Thorsten Faas und Philipp Harms entwickelten umfassenden Fragebogen mit Items zu Demokratie ins Feld gebracht haben, den Pluralismus normativer Demokratiekonzeptionen[42] und in einer Anschlussstudie die Prävalenz und Determinanten populistischer Demokratiekonzeptionen untersucht.[43] Grundlage der Analysen ist ein Faktor, der die Zustimmung oder Ablehnung einer Reihe von Aussagen über die Demokratie und ihre Institutionen beeinflusst.[44] Die verwendeten Aussagen (Items) sind dabei so gewählt, dass sie einerseits kontrovers sind und andererseits jeweils für sich genommen keine grundsätzlich illiberalen oder undemokratischen Haltungen zum Ausdruck bringen. Man kann also jeder der Aussagen zustimmen oder sie ablehnen, ohne sich in irgendeiner Weise als „schlechter Demokrat" darzustellen. Zugleich kommt in einem spezifischen *Muster* der Ablehnung und Zustimmung eben jenes populistische Demokratieverständnis zum Ausdruck, das ideologisch auf der Kombination von Majoritarismus, Anti-Pluralismus und Anti-Prozeduralismus beruht.

Betrachtet man die Faktorscores (die in etwa den durchschnittlichen Zustimmungswerten entsprechen) für den Faktor „populistische Demokratiekonzeption" in Abhängigkeit von der Wahlabsicht (Abb. 1), dann zeigt sich, dass diese für Wähle-

---

41 *Bosnjak/Dannwolf* et al., Establishing an open probability-based mixed-mode panel of the general population in Germany: The GESIS Panel, 2017; GESIS, GESIS Panel – Standard Edition, 2017.

42 *Landwehr/Steiner*, Where Democrats Disagree (Fn. 28).

43 *Steiner/Landwehr*, Populistische Demokratiekonzeptionen (Fn. 38).

44 Der Faktor wird mit dem Verfahren der konfirmatorischen Faktorenanalyse berechnet, Details finden sich in *Steiner/Landwehr* (Fn. 38). Diese Analyse belegt die Existenz eines Faktors (populistische Demokratiekonzeption), der vermittelt über die drei Dimensionen die Zustimmung zu den Einzelitems beeinflusst.

rinnen und Wähler der AfD deutlich höher sind als für die Wähler der übrigen Parteien und auch der Nichtwähler. Zugleich ist der Median des Faktorscores auch bei den Wählerinnen und Wählern der gemeinhin nicht als populistisch charakterisierten Parteien deutlich verschieden von Null. Dies macht deutlich, dass konkrete Einschätzungen und Forderungen, die sich aus einem populistischen Demokratieverständnis ableiten lassen, durchaus von einem Großteil der Befragten geteilt werden. Wie oben bereits argumentiert, sind etwa die Forderung nach Responsivität („Die Regierung sollte geplante Maßnahmen ändern, wenn die Mehrheit der Bürger sie nicht unterstützt.“) oder die Skepsis gegenüber dem Einfluss organisierter Interessen („Die Auseinandersetzungen zwischen verschiedenen Interessengruppen in unserer Gesellschaft schaden dem Allgemeinwohl.“) weitverbreitet und für sich genommen keine Hinweise für das Vorliegen einer populistischen Orientierung oder für die grundsätzliche Ablehnung der liberalen repräsentativen Demokratie. Vielmehr kommt in der ja bei den meisten Befragten auch nur teilweisen Zustimmung zu diesen Aussagen das in Abschnitt 2 beschriebene Spannungsverhältnis zwischen Mehrheitsbestimmung und der Idee des Gemeinwohls zum Ausdruck. Erst dann und dort, wo sich einzelne Annahmen und Einschätzungen zu einem konsistenten ideologischen Netz verdichten, kann man von einem dezidiert populistischen Demokratieverständnis sprechen, welches mit bestehenden Institutionen und Normen in Konflikt steht.

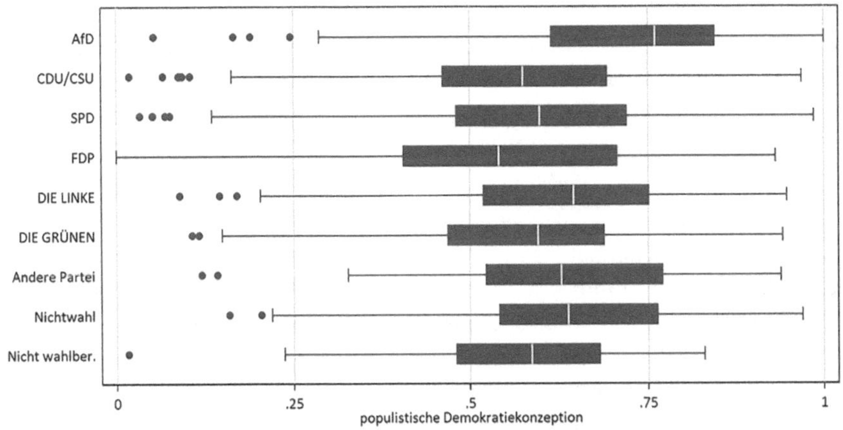

Abbildung 1: Populistische Demokratiekonzeptionen (Faktorscore) nach Wahlabsicht

Abbildung 2 zeigt die durchschnittlichen marginalen Effekte unterschiedlicher unabhängiger (erklärender) Variablen auf die Absicht, die AfD zu wählen „wenn am nächsten Sonntag Bundestagswahl wäre“. Die Erhebungszeitpunkte für un-

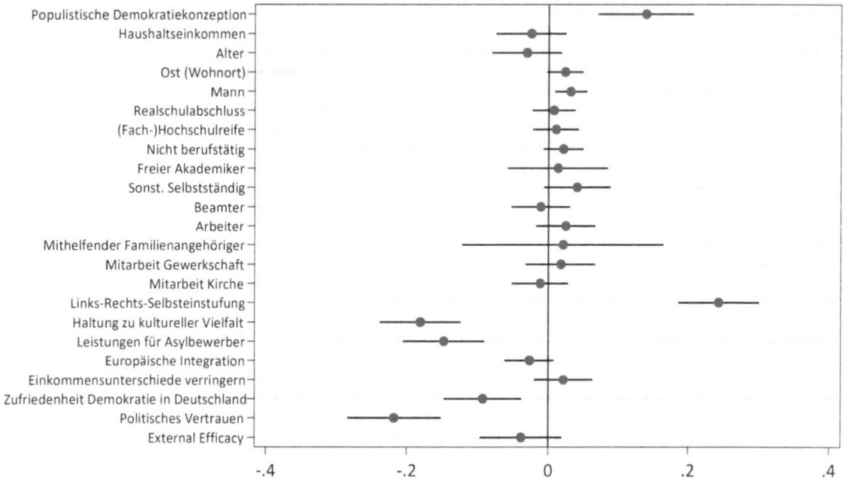

Abbildung 2 : Durchschnittliche marginale Effekte auf AfD-Wahlabsicht, 95 % Konfidenzintervalle

abhängige und abhängige Variable entsprechen dem unterstellten kausalen Zusammenhang: erstere wurden 2015, letztere wurde im Juni/Juli 2016 erhoben. Es wird deutlich, dass das Vorliegen einer populistischen Demokratiekonzeption im Jahr 2015 die Wahrscheinlichkeit, im Jahr 2016 eine Wahlabsicht für die AfD auszudrücken signifikant erhöht. Umgekehrt reduziert eine hohe Demokratiezufriedenheit diese. Auch eine positive Haltung zu kultureller Vielfalt und zu Leistungen für Asylbewerber, also Einstellungen auf der *Policy*-Ebene, verringern die Wahrscheinlichkeit einer AfD-Wahlabsicht. Politisches Vertrauen, eine Einstellung, die man auf der *Politics*-Ebene interpretieren kann, hat ebenfalls einen negativen Effekt auf die AfD-Wahlabsicht. Sozioökonomische Merkmale wie das Haushaltseinkommen, der Bildungsstand und der Beruf, aber auch ein Wohnort in Ostdeutschland, die in bivariaten Analysen in der Regel stark mit der Wahl populistischer Parteien assoziiert sind, haben in unserer multivariaten Analyse keinen signifikanten Effekt. Dies spricht dafür, dass der Einfluss dieser Merkmale auf die AfD-Wahlwahrscheinlichkeit unter anderem über die entsprechenden Einstellungen auf der *Policy*-, *Politics*- und *Polity*-Ebene vermittelt ist, wobei das Vorliegen einer populistischen Demokratiekonzeption einen deutlichen Effekt hat.

5 Fazit

Ist der Populismus eine Gefahr für die Demokratie und wenn ja, was kann man gegen ihn tun? Ich habe in diesem Beitrag zunächst den Populismus als politische Ideologie dargestellt und versucht, die zentrale Rolle des Volksbegriffes in dieser Ideologie zu verdeutlichen. Anschließend habe ich die Frage nach den Konkurrenten des Populismus auf dem Markt politischer Ideen aufgeworfen und deutlich gemacht, dass elitistische und technokratische Politikverständnisse mit dem Populismus einen unpolitischen und letztlich anti-pluralistischen Maßstab für die Qualität politischer Entscheidungen teilen: im Elitismus sind es Wahrheit und „Gemeinwohl", im Populismus ist es der Wille des „wahren Volkes". Somit wurde auch deutlich, worin die wahre Alternative zum Populismus besteht: nicht in Elitismus und Technokratie, sondern im Pluralismus, in der Anerkennung von legitimer Differenz, Unsicherheit und Kontingenz. Gleichzeitig ist klarer erkennbar, was wir gegen den Populismus verteidigen müssen: die inklusiven, vermittelnden und ausgleichenden Verfahren der repräsentativen Parteiendemokratie – auch dann, wenn diese nicht immer und sicher nicht optimal funktionieren.

Im Anschluss an diese Überlegungen habe ich das populis_tische Demokratieverständnis rekonstruiert, das durch Majoritarismus, Anti-Pluralismus und Anti-Prozeduralismus gekennzeichnet ist und populistische Parteien und Kandidaten mit ihren Wählerinnen und Wählern verbindet. Mit Verweis auf gemeinsame Arbeiten von Nils Steiner und mir habe ich argumentiert, dass ein entsprechendes Demokratieverständnis in der Bevölkerung durchaus verbreitet ist und von Populisten erfolgreich mobilisiert werden kann.

Vor diesem Hintergrund wird deutlich, dass der Populismus tatsächlich zur Gefahr für die Demokratie werden kann, wenn er den Verfahrenskonsens darüber, dass kollektive Entscheidungen demokratisch, gemeinsam, rational und unter Einbeziehung wesentlicher Argumente und Informationen zu treffen sind, unterminiert. Gleichzeitig ist der demokratische Verfahrenskonsens aber keine Konstante, sondern muss beständig erneuert und neu gewonnen werden. Kritik an der konkreten Ausgestaltung demokratischer Entscheidungsverfahren und ihrer praktischen Wirkung ist keineswegs grundsätzlich problematisch, sondern vielmehr essentiell für die Demokratie. Jedes denkbare Verfahren begünstigt bestimmte Gruppen und Interessen mehr als andere und gewährt bestimmten Werten und Zielen Vorrang über andere. Die bestehenden Verfahren haben Defizite und sind zum Teil unzureichend in der Lage, politische Gleichheit zu gewährleisten.[45] Die prinzipielle Anerkennung und Wertschätzung der bestehenden repräsentativdemokratischen Institutionen darf nicht den Blick auf solche Defizite verstellen und die Debatte über Implikationen institutionellen Designs und Reformoptionen ausbremsen.

Vor diesem Hintergrund ist auch die Vielfalt normativer Demokratiekonzeptionen weniger ein Problem denn eine Ressource für Demokratien. Sie kann eine offene und inklusive Auseinandersetzung über das Design demokratischer Institutionen befruchten und zur Grundlage werden für Prozesse der Meta-Deliberation, also der Deliberation darüber, wie kollektive Entscheidungen getroffen werden sollen.[46] Ein Verfahrenskonsens, der Voraussetzung für den konstruktiven Umgang mit Wertpluralismus und Interessenvielfalt ist, wird niemals allumfassend und unhinterfragbar, sondern Ergebnis eben solcher meta-deliberativer Prozesse, also der kontinuierlichen Rekonstitutionalisierung des politischen Gemeinwesens sein.[47] Die Herausforderung besteht dabei darin, entsprechende Prozesse offen und inklusiv zu gestalten.

Wie also lassen sich die demokratischen Verfahren, die der Populismus als Ideologie in Frage stellt, gegen Populisten verteidigen? Wichtiger Teil einer Verteidigungsstrategie sollte die beharrliche Problematisierung und Dekonstruktion des Volksbegriffes sein, auf dem die populistische Ideologie fußt. Wenn und insoweit Anhänger der Populisten die gesellschaftliche Interessen- und Meinungsvielfalt und ihre Bedeutung für die Demokratie anerkennen müssen, sind sie zugleich gezwungen, die Notwendigkeit und den Wert von Verfahren anzuerkennen, die es ermöglichen, Konflikte friedlich auszutragen und auszuhalten.

---

45 *Schäfer*, Der Verlust politischer Gleichheit: warum die sinkende Wahlbeteiligung der Demokratie schadet, 2015.

46 *Landwehr*, Democratic Meta-Deliberation. Towards Reflective Institutional Design, Political Studies 63(S1), 2015, S. 38.

47 *Landwehr/Faas/Harms*, Bröckelt der Verfahrenskonsens? Einstellungen zu politischen Entscheidungen und demokratischen Entscheidungsverfahren in Zeiten des Populismus, Leviathan 45(1), 2017, S. 35.

Antonio Martins

Legitimation, Interpretation und Anwendung des nationalen Strafrechts mit Bezug auf den Volksbegriff

1 Einleitung

Das Wort „Volk" erscheint im Strafgesetzbuch an wenigen Stellen, oft im Zusammenhang mit dem Begriff der Volksvertretung. An einer zentralen Stelle setzt jedoch eine Strafnorm das Gegenteil dessen, was eine geläufige, aber übereilte Wahrnehmung der komplexen Beziehung zwischen Volk und Strafrecht vermuten ließe, voraus. Ich spreche von der Diskrepanz zwischen der populären Idee, dass das Strafrecht den Grundkonsens bezüglich ethisch untermauerter sozialer Normen eines Volkes darstellt und der Tatsache, dass im § 130 StGB – Volksverhetzung – *bestimmte* Bevölkerungsgruppen oder Individuen aus diesen Bevölkerungsgruppen das im Tatbestand genannte Angriffsobjekt ausmachen. (Ich lasse zunächst die Frage beiseite, wer oder was das Schutzobjekt der Norm ist, obwohl mein Beitrag Elemente für die Kritik der verbreiteten Annahme, dass es um den Schutz des öffentlichen Friedens gehe, liefern wird).

Diese nur scheinbare Diskrepanz markiert den Gegensatz, den ich in meinem Beitrag ansprechen möchte: Auf der einen Seite stellen Strafrechtsnormen grundlegende Gesellschaftsnormen dar, die besonders schützenswert sind und – auch aufgrund der scharfen strafrechtlichen Eingriffsmittel, zu denen nicht nur die Strafe am Ende eines Strafverfahrens, sondern gravierende Eingriffe in die Rechtssphäre der Bürger *während* des Strafverfahrens zählen[1] – einen besonderen normativen Status haben. Auf der anderen Seite beanspruchen diese Normen nicht nur den Schutz unterschiedlicher Bevölkerungsgruppen (mit verschiedenen Hintergründen, Sitten, Religionen und Kulturen), sondern auch die Beachtung durch diese Gruppen. Gegebenenfalls wird die Nichtbeachtung dieser Normen zur Verhängung der öffentlichen Strafe gegen Individuen führen, die nicht dem Kreis derjenigen angehören, die ein Mitbestimmungsrecht im demokratischen Verfahren haben.

Mehr als andere Rechtsgebiete hängt das nationale Strafrecht von einer unmittelbaren demokratischen Legitimation ab. Dies erklärt sich sowohl aus dem öffentlichen Interesse, das dieses Rechtsgebiet weckt, als auch aus der Tatsache,

1 Vgl. *Hassemer*, Strafen im Rechtsstaat, 2000, S. 17.

https://doi.org/10.1515/9783110599510-008

dass es zumindest *auch* den Kern der rechtlichen Normierung des sozialen Lebens betrifft. Es ist diese Tatsache, die die Annahme zu unterstützen scheint, dass die Legitimation des Strafrechts von einem Grundkonsens der nationalen Bürger bezüglich der Strafrechtsnormen abhängt. Empirisch gesehen täuscht diese Annahme. Betrachten wir die unzähligen Normen des sogenannten Nebenstrafrechts – um nur ein vor kurzem polemisch diskutiertes Beispiel zu nennen: die Strafvorschriften des Rindfleischetikettierungsgesetzes –, die meistens dem größten Teil der Bevölkerung unbekannt sind oder denen es indifferent gegenübersteht, liegt die Täuschung auf der Hand.[2] Dem Strafrecht entsprechen schon längst nicht die Kernnormen des sozialen Miteinanderlebens. Aber es bleibt ein normativer Kern, der dem Strafrecht doch einen besonderen Status verleiht. In den Worten Winfried Hassemers, das Strafrecht „verbürgt[...] die Chance dieser Gesellschaft und der Menschen, die fundamentalen Normen, unter denen sie leben wollen, öffentlich zu behaupten und zu sichern: das Recht auf Leben, auf Freiheit und Gesundheit, aber auch auf Gleichbehandlung durch den Staat, auf Fairness und Verhältnismäßigkeit staatlicher Eingriffe."[3] Und dies mit dem konzeptuell schärfsten staatlichen Eingriffsmittel, das zur Verfügung steht. Beide Umstände dürften ausreichen, um das Strafrecht vor strenge Legitimationshürden zu stellen.

Mit der stetigen Entwicklung von Subkulturen und ethischer Differenziertheit sowie mit rapide wachsender Migration und Bevölkerungsmobilität verliert das schon im Ursprung verzerrte Bild eines homogenen Volkes, aus dem grundlegende soziale Normen kontroverslos stammen, drastisch an Plausibilität. Es bleibt zu untersuchen, inwieweit der Volksbegriff noch immer eine Rolle bei der Legitimation und der Anwendung des Strafrechts spielen kann.

Diese Frage stellt sich in Bezug auf vier verschiedene theoretische Felder, die im Folgenden analysiert werden. Zuerst konzentriere ich mich auf die Kriminalisierungs- beziehungsweise Strafgesetzgebungstheorie (II). Danach werde ich mich mit der Lehre der Interpretation und Applikation von Strafrechtsnormen befassen (III), um mich im Anschluss daran der Entwicklung der strafrechtsdogmatischen Zurechnungslehre im Besonderen zu widmen – vor allem in den Gebieten, in denen soziale Konsense eine direkte Funktion bei der Lösung von Zurechnungsproblemen zu haben scheinen, wie z. B. im Bereich des Unrechtsbewusstseins von Straftätern (IV). Zuletzt wende ich mich kurz der Frage nach der gesellschaftlichen Reaktion auf Kriminalität zu – vor allem, was das Phänomen

2 Zur darauffolgenden Diskussion über die Geltung und Wirkung des Grundsatzes der *ultima ratio* vgl. *Gärditz* JZ 2016, S. 641 ff. und *Jahn/Brodowski*, JZ 2016, S. 961 ff.

3 *Hassemer*, in: Johann Wolfgang Goethe-Universität (Hrsg.), „Fremde", „Andere" und das Toleranzgebot des Grundgesetzes, 1993, S. 14 ff.

des strafrechtlichen Populismus angeht (V). Das Erkenntnisinteresse dieses Beitrags besteht nicht zuletzt darin, die Kontinuitätslinie zwischen diesen vier Feldern zu verdeutlichen.

2 Kriminalisierung

Eine Theorie der legitimen Kriminalisierung muss die Grundbedingungen festlegen, nach denen soziales Verhalten als strafwürdig eingestuft werden darf. Es handelt sich um eine *wissenschaftliche* Theorie, die freilich – leider muss es immer wieder betont werden – als rationalisierender Beitrag zum öffentlichen Diskurs zu verstehen ist.[4] Die für mich einzige überzeugende Variante entspricht einer personalen Rechtsgutslehre als Theorie demokratischer Strafgesetzgebung.[5] Nach dieser Lehre *dürfen* Angriffe auf menschliche verallgemeinerbare Interessen kriminalisiert werden. Diese Lehre verzichtet auf eine vorgeordnete Gruppenidentität. Im Gegenteil geht eine so verstandene personale Rechtsgutslehre von der Heterogenität von sozialen Präferenzen und Positionen aus.[6] Sie ist nicht individualistisch gedacht[7] – die Funktionalisierung von der Person her, so möchte

4 Grundlegend *Hassemer/Neumann*, Nomos Kommentar zum Strafgesetzbuch, Vor § 1, Rn. 108 ff., bes. 146.

5 Erster Entwurf in *Hassemer*, Theorie und Soziologie des Verbrechens, 1973; ferner *Hassemer/Neumann*, NK, Vor § 1, Rn 108 ff.; *Neumann*, „Alternativen: keine". – Zur neueren Kritik an der Rechtsgutslehre, in: *Neumman/Prittwitz* (Hrsg.), „Opferorientierung" und „Rechtsgüterschutz", 2007, S. 85 ff.; ders., Bem jurídico, Constituição e os limites do direito penal, in: *Greco / Martins* (Hrsg.), *Direito Penal como crítica da pena. Estudos em homenagem a Juarez Tavares*, 2012, S. 519 ff. Zum demokratischen Inhalt der personalen Rechtsgutslehre vgl. *Martins*, Der Begriff des Interesses und der demokratische Inhalt der personalen Rechtsgutslehre, ZStW 125 (2013), S. 234 ff.; *ders.*, Die personale Rechtsgutslehre als demokratische Schranke, in: *Asholt* u. a. (Hrsg.), Grundlagen und Grenzen des Strafens, 2015, S. 79 ff. Dieser Hinweis auf den demokratischen Inhalt einer Kriminalisierungstheorie wurde neuerdings als Verkennung der „staatsrechtlichen Dimension der Demokratie" verstanden – die freilich auf „Mehrheitsentscheidungen" reduziert wird. Vgl. *Stuckenberg*, Rechtsgüterschutz als Grundvoraussetzung von Strafbarkeit?, ZStW 129 (2017), S. 349 ff., 355. Die Tragweite dieser Kritik hängt vom – anscheinend missverstandenen – Anspruch der Rechtsgutslehre ab. Eine wissenschaftliche Theorie, die sich als Beitrag zum demokratischen Diskurs versteht, dürfte kaum davon betroffen werden. In dieser Dimension – nämlich, des wissenschaftlichen Beitrags zur Rationalisierung der Gesetzgebungs- und Anwendungstechnik – fungiert eine Reduktion des Demokratiebegriffs auf Mehrheitsentscheidungen als Argumentationsbarriere. Zur Entleerung des Demokratiebegriffs und dessen irreführender Verbindung mit dem Relativismus vgl. *Martins*, ZStW 125 (2013), S. 241 ff.

6 Dazu *Martins*, Die personale Rechtsgutslehre, S. 89 ff.

7 Vgl. *Martins*, ZStW 125 (2013), S. 254.

ich Hassemers Worten verstehen, bezieht sich auf den demokratischen Kern der Theorie: Die Entstehung von kollektiven Subjekten ist demnach nicht erforderlich, um ein legitimes Interesse zu begründen, obwohl gemeinsame oder geteilte Interessen – wie die an der Erhaltung der natürlichen Umwelt – Schutz beanspruchen können.[8]

Diese Lehre ist insofern eine *personale* Lehre, als sie einen Begriff von deliberativen Personen voraussetzt, die für die Normenproduktion verantwortlich sind.[9] So gründet sich auch die strafrechtliche Verantwortung der Person: zugleich als Mitgesetzgeber und als Adressat der Rechtsnormen. Diese asymmetrischen Rollen konstituieren die Basis strafrechtlicher Legitimation und begründen ein Moment legitimer Retribution in einer Straftheorie, die in die Gesellschaftspolitik eingebettet ist: Weil die Person zumindest potenziell an dem Produktionsverfahren der Rechtsnormen beteiligt ist, ist es berechtigt, sie zu bestrafen, wenn sie gegen die produzierte Normen verstößt.[10] Die Logik der Retribution ist demnach die Logik der Verantwortungszuschreibung: Strafnormen fungieren als gerechtfertigte Handlungsgründe.[11] Wer diese Gründe nicht berücksichtigt, wird dafür verantwortlich gemacht. Der Prozess der Verantwortungszuschreibung ist *prozedural gerecht*, wenn die potenzielle Beteiligung am Gesetzgebungsverfahren eine Wirklichkeit darstellt; und *materiell gerecht*, wenn das legislative Verfahren materiell gerechte Normen geschaffen hat – dies gilt sowohl für die Verhaltens- als auch für die Sanktionsnorm. Kriminalisierung und Straftheorie verweisen aufeinander.

In Bezug auf unsere Problematik stellen sich zwei Fragen. Die erste betrifft die Verallgemeinerbarkeit von Interessen. Die zweite bezieht sich auf das allgemeine Problem der Zugehörigkeit zur demokratischen Gemeinschaft. Inwiefern rechtfertigen sich Kriminalisierung und Bestrafung gegenüber denjenigen, die kein Recht auf politische aktive Partizipation haben? Beide Fragen gehören eigentlich zusammen.

Zur ersten Frage. Armin Engländer hat kürzlich den hier vertretenen Ansatz unter der Perspektive kritisiert, dass die Universalisierbarkeit von Interessen auf

---

8 Vgl. *Martins*, Die personale Rechtsgutslehre, S. 95 f.

9 Vgl. vor allem *Günther*, Die Person der personalen Rechtsgutslehre, in: *Neumann/Prittwitz* (Hrsg.), „Opferorientierung“ und „Rechtsgüterschutz“, S. 15 ff.

10 Vgl. die ähnliche Argumentationsstruktur bei *Edwards / Simester*, in: *Simester u. a.* (Hrsg.), Liberal Criminal Theory, Oxford and Portland Oregon 2014, S. 43 ff., S. 58.

11 Vgl. *Nida-Rümelin*, Verantwortung, 2011; *Renzikowski* in: Festschrift für Neumann, S. 335 ff.; *Simester/von Hirsch*, Crimes, Harms, and Wrongs, Oxford 2011, S. 6 f.

der vorgeschlagenen Basis nicht begründet werden kann.[12] Diese rigorose Kritik verdient Aufmerksamkeit. Die Verallgemeinerbarkeit von Interessen deutet auf die diskursive und provisorische Auflösung von gegenteiligen Interessen hin. Die Idee von *personalen* Interessen setzt gesellschaftliche Heterogenität voraus. Mit der Verallgemeinerbarkeit dieser Interessen ist weder gemeint, dass alle dieselben Interessen haben, noch dass die sich durchsetzenden Interessen mit den aktuellen oder potenziellen Interessen von allen Beteiligten am politischen Diskurs kompatibel sein müssen. Eben deshalb spricht die Rechtsgutslehre von *Interessen*, nicht von Rechten. Die Akzeptabilität der Kriminalisierung von Verhalten, die solche Interessen beeinträchtigen, verlangt, dass der strafrechtliche Schutz solcher Interessen gegenüber anderen Bürgern gerechtfertigt werden kann. Das Erfordernis der Verallgemeinerbarkeit ergibt sich in der Tat aus einem Diskursprinzip, welches besagt, dass eine Geltung beanspruchende Norm in der Lage sein muss, die Zustimmung aller Betroffenen zu finden.[13] Es handelt sich hier um einen Grundsatz des praktischen Diskurses, freilich nicht um eine Geltungsvoraussetzung von Rechtsnormen. So bedeutet wiederum der Diskursprinzip – und dies ist der entscheidende Punkt –, dass jeder Teilnehmer des (Rechts-)Diskurses jederzeit berechtigt ist, eine Rechtfertigung für die (Straf-) Norm zu verlangen.

Der Prozess der demokratischen Normproduktion ist freilich offen und sieht sich der politischen Kontingenz ausgesetzt. Eine Kriminalisierungstheorie bewegt sich also innerhalb der Grenzen einer politischen Gemeinschaft; sie ist Teil des weit verstandenen rechtspolitischen Diskurses. Aber – hier können wir weiterfragen – welche ist dann die Rolle der Rechtsgutslehre? Reicht jene Beschreibung der Rationalität des Normproduktionsverfahrens nicht aus? Die Antwort lautet: Nein. Die Rechtsgutslehre erfüllt eine andere, wenn auch bescheidene Funktion. Sie ist das Ergebnis wissenschaftlicher Kommunikation. Sie bietet eine rationale Schranke, einen negativen Katalog von Interessentypen, die unter aktuellen Bedingungen *keinesfalls* den Test der Verallgemeinerbarkeit bestehen würden – aus der Erfahrung früherer Kriminalisierungen und früherer Argumentationen.

Ethische Interessen – im Sinne von Gruppenpräferenzen – bestehen diesen Test dann nicht, wenn sie diametral im Gegensatz zu anderen (gleichberechtigten) Gruppenpräferenzen stehen (was meistens der Fall sein wird).[14] Ein Tabu ist

---

12 *Engländer*, Personale Rechtsgutslehre und normativer Individualismus, Festschrift für Neumann, S. 547 ff., 554 ff.

13 Für die ursprüngliche Formulierung dieses Universalisierungsanspruchs vgl. *Habermas*, Diskursethik – Notizen zu einem Begründungsprogramm, in: *ders.*, Moralbewusstsein und kommunikatives Handeln, 1983, S. 53 ff., 75 f.

14 Dies ist der Sinn der Argumentation, der Gesetzgeber sollte „bloß unmoralisches Verhalten“ nicht kriminalisieren. Dagegen behauptet *Stuckenberg*, ZStW 129 (2017), S. 361 f., Güter seien „stets

übrigens keine Rechtfertigung, sondern eine Argumentationssperre. Gefühle sind keine legitimen Rechtsgüter, weil sie sich, als höchst persönlich, jeder möglichen Verallgemeinerbarkeit *per definitionem* entziehen. Interessen werden nicht allein subjektiv bestimmt, sondern verlangen, um überhaupt argumentativ tragfähig zu sein, eine objektive Basis in der Realität; sie beziehen sich immer auf ein Objekt, sie sind relational. Möchte etwa eine Mehrheit ein Interesse am Schutz von gewissen Gefühlen begründen wollen, wäre diese Mehrheit nie in der Lage, den Schutz dieser Gefühle gegenüber allen zu rechtfertigen, indem sie sich nur auf die *eigenen* Gefühle bezieht. Wie Engländer richtig sieht, geht es genau darum, *nicht* mit der Präferenz von Mehrheiten zu argumentieren: Dies ist der Sinn der Verallgemeinerbarkeit.[15]

Die Rechtsgutslehre bezieht sich darüber hinaus auf die geltende Rechts- und Verfassungsordnung und die allgemeinen Legitimationserwartungen bestimmter Institutionen. Normen des Wirtschaftsstrafrechts verkörpern im großen Teil berechtigte personale Interessen. Eine radikale Veränderung des Wirtschaftssystems würde wahrscheinlich bedeuten, dass vielen dieser Normen die Legitimationsbasis entzogen wird. Anderen möglicherweise nicht. Rechtsgüter sind keine abstrakten Entitäten und keine hypostasierten Konstrukte; sie sind Argumentationsfiguren, die menschliche Interessen verkörpern. Die Frage nach der Verallgemeinerbarkeit von Interessen kann nicht im Voraus und in Bezug auf jede Strafnorm beantwortet werden; dies ist eben die Aufgabe des öffentlichen Diskurses. Eine Kriminalisierungslehre bietet einen Diskursrahmen und Orientierungspunkte; den Rechtfertigungsdiskurs ersetzt sie nicht.

Unmittelbar hat die personale Rechtsgutslehre deswegen nur eine *kritische* Funktion; ihre Legitimationskraft erzeugt sich nur indirekt – angesichts der mitzudenkenden Einschränkung des *ultima-ratio*-Grundsatzes verlangt die Rechtsgutslehre aber keine Kriminalisierung. Auch garantiert die Rechtsgutslehre *per se* keine Legitimation von Strafnormen; sie indiziert allenfalls, dass Einiges für die Legitimation bestimmter Normen spricht – zum Beispiel im Fall derjenigen Strafnormen, welche Interessen schützen, die bereits als Menschenrechte aner-

---

Ausdruck von Moralität" und „moralische Überzeugungen [gehen] in die Rationalitätsstandards einer Gesellschaft ein". Auch wenn die zweite Aussage richtig ist (die erste scheint mir problematisch und wird nicht richtig begründet), haben beide wenig mit der genannten Argumentation zu tun. Richtig ist jedenfalls, dass „konkurrierende Moralkodizes, religiöse etwa, [...] als Grundlage einer Strafnorm ohnehin nicht in Betracht [kommen], sofern sie nicht mit Gemeinwohlbelangen koinzidieren." (S. 361). Dies ist auch hier gemeint.

15 Vgl. die Diskussion in *Engländer*, Personale Rechtsgutslehre, S. 555.

kannt wurden.[16] In diesem Sinne erscheint es mir sinnvoll, von einem Kern fundamentaler Normen zu reden, dessen Legitimation gewährleistet zu sein scheint.

Zur zweiten Frage. Der Kreis derjenigen, die von Rechtsnormen betroffen sind, deckt sich nie mit dem Kreis derjenigen, die über demokratische Mitspracherechte verfügen.[17] Dasselbe muss freilich auch für Strafgesetze gelten. Wie lässt sich dieses Paradoxon für eine Kriminalisierungslehre auflösen? Es kann sich nur dadurch auflösen lassen, dass sich die Strafnorm auch gegenüber dem Kreis derjenigen, die vom Normproduktionsverfahren ausgeschlossen sind, rechtfertigen lässt. Das verstärkt die Idee, die personale Rechtsgutslehre als einen negativen Katalog von Prinzipien anzusehen, die etwa die Bestrafung aufgrund der Zugehörigkeit oder Nichtzugehörigkeit zu einer ethnischen oder religiösen Gruppe verbietet. Die anerkannten Interessen müssten soweit universalisierbar sein, dass ihr Schutz auch gegenüber anderen begründet werden kann – die Rechtfertigungsgemeinschaft[18] ist deutlich breiter und inklusiver als die Gemeinschaft derjenigen, die eine Mitsprache im institutionellen politischen Verfahren haben.

Dies wirft eine letzte Frage auf. Ich habe darauf hingewiesen, dass die Logik der Kriminalisierung eine interne Logik der Retribution widerspiegelt. Gilt dies auch für diejenigen, die am Gesetzgebungsverfahren nicht teilnehmen dürfen? Die Antwort auf diese Frage bedarf einer weiteren Differenzierung. Ich glaube, die Logik behält ihre Geltung, aber nur insofern, als den „Anderen" die Möglichkeit der Kenntnisnahme und Kritik der Strafnormen gewährleistet wird. Dabei spielt die Konstitution einer demokratischen Öffentlichkeit als „Sphäre öffentlicher Information, Argumentation und auch Kontestation"[19] eine bedeutende Rolle. Die Strafnormen müssen als gerechtfertigte Handlungsgründe fungieren *können*. Dann ergibt es weiterhin Sinn, mit den Kategorien der prozeduralen und mate-

---

16 Vgl. auch (freilich gegen die Rechtsgutslehre) *Stuckenberg*, ZStW 129 (2017), S. 355.

17 Näher *Benhabib*, Kosmopolitismus ohne Illusionen, 2016, S. 199; dazu auch *Angeli*, Migration und Demokratie, 2018, S. 11, der deswegen die Migration auch als Legitimationsproblem sieht. Dies führt zur weiteren Frage, wie darüber entschieden wird, wer an demokratischen Entscheidungsprozessen teilnehmen darf. Dazu ebd.: „Wenn Demokratie die Herrschaft des Volkes ist, dann entscheidet das Volk – bzw. seine Repräsentanten – darüber, wer zum Volk gehört – und eben auch, wer nicht. Doch im Zuge der Migration und zunehmenden Pluralisierung europäischer Gesellschaften sind die Grenzen des Volkes selbst zum Gegenstand demokratischer Selbstverständigung geworden."

18 Zur Praxis der Rechtfertigung vgl. die grundlegenden Studien von *Forst*, Das Recht auf Rechtfertigung, 2007; zur Verbindung dieser Praxis mit einem deliberativen Demokratiemodell, ebd., S. 224 ff.

19 Vgl. *Forst*, Das Recht auf Rechtfertigung, S. 260. Zur fehlenden Einbeziehung des Migranten in die demokratische Öffentlichkeit vgl. *Honneth*, Das Recht der Freiheit, 2011, S. 558.

riellen Gerechtigkeit der Sanktion zu arbeiten. Ein gewisses Defizit an Legitimation bleibt jedoch bestehen; ein Defizit, das mit Gegenmaßnahmen seitens des Staates kompensiert werden muss (dazu gehört zunächst die Pflicht, das Erlernen der Landessprache zu vermitteln[20]) und im Rahmen der strafrechtlichen Zurechnung – wie wir gleich sehen werden – zum Vorschein kommt.

3 Strafrechtsanwendung

Nun wende ich mich der Strafrechtsinterpretation und -anwendung zu. Hier kann ich mich kurzfassen. Aus demokratischer Perspektive kreist die Strafrechtsanwendung um den Gesetzlichkeitsgrundsatz und das daraus abgeleitete Bestimmtheitsgebot. Der Gesetzlichkeitsgrundsatz ist in Art. 103, Abs. 2 GG positiviert. Er ist aber ein Postulat prozeduraler *und materieller* Gerechtigkeit im eben beschriebenen Prozess der Verantwortungszuschreibung. Strafnormen können nur dann als Handlungsgründe fungieren, wenn ihnen vorher – durch ein legitimes Gesetzgebungsverfahren – Geltung verliehen wurde. Sie müssen aber auch weiterhin als Handlungs*gründe* fungieren, das heißt: als materielle Argumente, die die Kriminalisierung eines Verhaltens rechtfertigen.

In seiner prozeduralen wie materiellen Dimension stört der Gesetzlichkeitsgrundsatz den Willen zur unmittelbaren politischen Aktion. Dieser Zusammenhang ist die Ursache für eine Spannung im Rechtstaat. Es liegt nahe, dass der Gesetzlichkeitsgrundsatz zugleich verlangt, dass neue Strafgesetze dem Strafrechtssystem und dem System der strafrechtlichen Garantien angepasst werden – dies ist das wichtigste Moment der systematischen Auslegung im Strafrecht.[21] Strafnormen sollen nicht voneinander isoliert betrachtet werden. Die allgemeine Tendenz ist jedoch, Gesetzlichkeit durch eine disparate Kriminalpolitik und kriminalpolitisch gesinnte Auslegungsmodelle zu entkräften[22] – mit verhängnisvollen Konsequenzen für die demokratische Legitimation des Strafrechts. Die Multiplizierung von Nebenstrafgesetzen, die mit dem System der Strafrechtsgarantien kontrastiert, ist ein klares Zeichen dieser Entkräftung. Ein weiteres Phänomen ist die positivistisch formulierte argumentative Sperre der exklusiven „Aufgabe des demokratisch legitimierten Gesetzgebers" – ein rheto-

---

20 Vgl. *Benhabib*, Kosmopolitismus ohne Illusionen, S. 208 f.

21 Dazu, dass die systematische Auslegung im Strafrecht zu einem System der Strafrechtsbegrenzung führt, vgl. *Martins*, Strafrechtliche Auslegung als Strafrechtsbegrenzung. Sechs Thesen, in: *Asholt/Kuhli* (Hrsg.), Strafbegründung und Strafeinschränkung als Argumentationsmuster, 2017, S. 45 ff., 58.

22 Vgl. hierzu *Naucke*, Gesetzlichkeit und Kriminalpolitik, 1999, bes. S. 225 ff., 241 ff., 256 ff.

rischer Rekurs gegen wissenschaftliche Kritik, der beliebig dann benutzt wird, wenn keine Argumente für eine Gesetzgebungsentscheidung geliefert werden können.

Der Grund, warum dies für unsere Thematik von Bedeutung ist, liegt auf der Hand. Die Expansion von Strafrechtsnormen in Nebengebiete erschwert die Kontrolle seitens der repräsentierten Bürger und den Zugang seitens der nicht repräsentierten Adressaten dieser Strafnormen. Der Rechtfertigungsfilter solcher Normen wird trüb. Der Technizismus, in dem sie formuliert werden, und die unzähligen Verweise auf andere Normen, machen die Aufgabe, sie zur Kenntnis zu nehmen, zu verstehen und als Handlungsgründe zu berücksichtigen, beinahe unmöglich (vgl. das erwähnte „Gesetz zur Durchführung der Rechtsakte der Europäischen Gemeinschaft oder der Europäischen Union über die besondere Etikettierung von Rindfleisch und Rindfleischerzeugnissen und über die Verkehrsbezeichnung und Kennzeichnung von Fleisch von weniger als zwölf Monate alten Rindern“, § 10, und die Verordnung zur Durchsetzung des Rindfleischetikettierungsrechts).

Die Aufgabe der Strafrechtswissenschaft besteht darin, diese Tendenz im Prozess der Strafrechtsanwendung zu konterkarieren. Dies wird unternommen, indem auf begrenzende Auslegungstopoi beharrt wird.[23] Strenge Gesetzesbindung, Analogieverbot, Gesetzeswortlaut (der auf die Grenzen der Alltagssprache verweist) und strenge Kontrolle der Kompatibilität mit dem System der Verfassungsgarantien lauten einige der wichtigsten dieser Topoi.[24] Sie sind Teil eines Anwendungsdiskurses, Argumente innerhalb einer rationalen Auslegungspraxis – einer Praxis, die die demokratische Herausforderung des Strafrechts ernst nimmt.

4 Strafrechtliche Zurechnung

Auch die strafrechtliche Zurechnungslehre ist Teil des grundlegend demokratisch fundierten Rechtsdiskurses. Die erste Bezugsinstanz der Zurechnungslehre ist freilich das Strafgesetz. Zur Entwicklung komplexer Strafzurechnungsregeln be-

23 Vgl. *Martins*, Strafrechtliche Auslegung, S. 55 ff.

24 Vgl. *Schumann*, in: *Kuhli / Asholt* (Hrsg.), Strafbegründung und Strafeinschränkung als Argumentationsmuster, 2017, S. 59 ff.; *Martins*, in: ebd., S. 45 ff.

darf es allerdings nicht selten einer Berufung auf soziale Normen. Dies ist ein komplexer und problematischer Zusammenhang.[25]

Problematisch schon deshalb, weil soziale Normen prinzipiell nur durch das Gesetzgebungsverfahren Zutritt zum Rechtsdiskurs erlangen sollen.[26] Als legitimationsversprechende Alternative erscheint ein Rückgriff auf soziale Normen, der sie aus der internen Perspektive des Diskursteilnehmers betrachtet. Dadurch wird die diskursive Logik der Entstehung dieser Normen beibehalten; der Normeninhalt wird jedoch einer neuen Reflexionsinstanz unterworfen. Dies erlaubt die Annahme, dass eine dermaßen erlangte Zurechnungsregel gegenüber jedem Beteiligten des allgemeinen praktischen Diskurses gerechtfertigt werden kann. Auch hier handelt es sich bei den Adressaten der Rechtsnormen insgesamt um Instanzen, die nach Rechtfertigung verlangen dürfen. Die soziale Akzeptabilität von Zurechnungsregeln indiziert ihre Richtigkeit. Ich versuche, dies anhand eines Beispiels zu erläutern.

§ 17 StGB bestimmt, dass wer keine Einsicht in das Unrecht seiner Tat hat, ohne Schuld handelt, vorausgesetzt, dass die mangelnde Einsicht unvermeidbar war. Diese Norm lässt sich unschwer demokratietheoretisch begründen und kann aus dem vorher Erläuterten abgeleitet werden. Dem Täter kann nur dann strafrechtliche Verantwortung zugeschrieben werden, wenn es ihm möglich war, die Strafnorm als Handlungsgrund zu berücksichtigen. Die Kategorie des Unrechtsbewusstseins im Strafrecht orientiert sich also an einem Modell von Verantwortungszuschreibung, das das Verhältnis von Bürger und Rechtsstaat ernst nehmen will. Dieser Gedanke führt die Unrechtsbewusstseinslehre in die Nähe der Staatstheorie.[27] Es geht prinzipiell um das Spannungsverhältnis von Rechtssicherheit und Zurechnungsgerechtigkeit; dazu kommt das grundlegende Problem der Verbindlichkeit des Rechts. Die Konstellation, die damit ergriffen wird, zieht sich weit über das Individuum und seine persönlichen Kenntnisse und Fähigkeiten hinaus; sie betrifft den Rechtsinhalt, den demokratischen Gesetzgebungsprozess und die legitime Rechtssetzung.[28]

---

25 Zu den vielen Ansatzversuchen, die dieser Zusammenhang motiviert hat – von Binding über Max Ernst Mayer und Welzel bis zu Jakobs und Neumann – vgl. *Martins*, Soziale Normen und strafrechtliche Zurechnung, in: Festschrift für Neumann, S. 653 ff.

26 Vgl. die Kritik von Naucke an Binding in *Naucke*, Einführung, in: *Binding / Hoche*, Die Freigabe der Vernichtung lebensunwerten Lebens (1920), 2006, S. VI ff., LIV.

27 Grundlegend *Küchenhoff*, Die staatsrechtliche Bedeutung des Verbotsirrtums, Festschrift für Stock, 1966, S. 75 ff., 80; daran anschließend *Naucke*, Staatstheorie und Verbotsirrtum, Festschrift für Roxin, S. 503 ff.

28 *Naucke*, Staatstheorie und Verbotsirrtum, S. 511.

In einem funktionierenden demokratischen Diskurs ist die kontrafaktische Annahme einleuchtend, dass die *Bürger* wissen, welchen Inhalt das von ihnen produzierte Recht hat. Dies gilt aber nicht uneingeschränkt für diejenigen, die aus dem demokratischen Gesetzgebungsverfahren ausgeschlossen sind. Die gesetzliche Differenzierung ist jedoch normativ, nicht (nur) faktisch. Sie arbeitet mit den Kategorien der Vermeidbar- und Unvermeidbarkeit. Diese Kategorien verlangen eine normative Bewertung.[29] Es muss zuletzt *entschieden* werden, ob ein Verbotsirrtum unvermeidbar war oder nicht. In diesem Zusammenhang eröffnet die Lehre des Unrechtsbewusstseins den Raum für bedeutende kriminalpolitische Erwägungen in Bezug auf die Konsequenzen einer zu breiten Ausschließung der Verantwortlichkeit aufgrund des Mangels an Unrechtsbewusstsein.[30] Präventive Folgenorientierung und Gerechtigkeitsmaßstäbe konkurrieren als mögliche Grenzen der Unvermeidbarkeit eines Verbotsirrtums.[31]

Betrachten wir den Fall von Migranten oder von Minderheiten mit Migrationshintergrund, die für bestimmte, abweichende ethische Präferenzen stehen. Man könnte diese Menschen mit politischem Vorbehalt als „Fremde" bezeichnen.[32] Bereits diese Definition birgt jedoch Schwierigkeiten. Es geht hierbei

---

29 Vgl. *Stratenwerth/Kuhlen*, Strafrecht AT, 5. Aufl., 2004, S. 218.

30 *Neumann*, Der Verbotsirrtum (§ 17 StGB), JuS 1993, S. 793 ff., 797; *ders.*, in: Nomos Kommentar zum Strafgesetzbuch, § 17, Rn. 54: „Die soziale Geltung der strafrechtlichen Verbote würde erheblich geschwächt, wenn die Rechtsordnung das Spannungsverhältnis zwischen Normgeltung und Schuldprinzip einseitig zugunsten des letzteren auflösen und die Unkenntnis ihrer Normen ohne Einschränkung zugunsten des Täters berücksichtigen würde."

31 Beide hängen mit dem theoretischen Hintergrund der vertretenen Straftheorie zusammen. So tendieren grundlegend negative generalpräventive Ansätze (bereits bei Feuerbach; dazu *Roxin*, Strafrecht. AT, 4. Aufl., 1996, S. 933, Fn. 22) der Normkenntnis eine zentrale Rolle in der strafrechtlichen Zurechnung zuzuerkennen, während bei der positiven Generalprävention sich deren Einschätzung konsequent ändern sollte, ob es sich dabei um ein kommunikatives oder aber ein sozialtechnologisches Modell handelt. Nur im ersten Fall wären Gerechtigkeitsvorstellungen bereits innentheoretisch zu berücksichtigen. Zu dieser Unterscheidung s. *Neumann*, Normative Kritik der Theorie der positiven Generalprävention. – 10 Thesen –, in *Schünemann* u. a. (Hrsg.), Positive Generalprävention, 1998, S. 147 ff.

32 So *Hassemer*, Interkulturelles Strafrecht, Festschrift für E. A. Wolff, S. 101 ff.; *Jakobs*, Die Schuld der Fremden, ZStW 118 (2006), S. 831 ff. Zur Beziehung zwischen der Semantik des Fremden und derjenigen der Inklusion und Exklusion vgl. *Stichweh*, Der Fremde, 2010, S. 148 ff., 152: „[...] die *historische Semantik des Fremden* [erweist] sich als eine spezielle Semantik der Inklusion und Exklusion [...], die sich auf die *Bedingungen der Mitgliedschaft und die Kriterien der Zugehörigkeit in vergleichsweise geschlossenen sozialen Systemen konzentriert.* Die Semantik des Fremden beschreibt diese Bedingungen und Kriterien nicht nur; sie verleiht ihnen darüber hinaus normative Gültigkeit." (Hervorhebungen im Original). Zu einer reichen Analyse des „Fremden" aus sozialwissenschaftlichen und rechtsgeschichtlichen Perspektiven vgl. *Fögen* (Hrsg.), Fremde der Gesellschaft, 1991.

nicht – oder nur indirekt – um die Staatsangehörigkeit, den Geburtsort oder die Zeit der Permanenz in Deutschland, sondern hauptsächlich um den Grad der Teilnahme an einer herrschenden Rechtskultur.[33] Um die Problematik des Unrechtsbewusstseins in ihrer Komplexität zu begreifen, müssen wir einsehen, dass es sich oft nicht oder nicht nur um einen *Mangel* an Rechtskenntnis handelt, sondern um einen Glauben an konkurrierende Normen. Es geht – je nach sozialem Kontext – um differenzierte Sensibilitäten bezüglich des Rechts.

Wann werden wir annehmen können, dass der Mangel an Rechtseinsicht unvermeidbar war? Eine allgemeine Regel, nach welcher Migranten die allgemeine Pflicht haben, sich über das Strafrecht eines Landes, in dem sie sich aufhalten, im Detail zu informieren, ist unrealistisch und würde ihnen eine Aufgabe aufbürden, deren Erfüllung nicht einmal von den direkten politischen Beteiligten erwartet wird. Und auch hier gilt es, dass der Staat eine Pflicht hat, Information über strafrechtliche Normen zu vermitteln – eine Pflicht, die sich aus der allgemeinen Pflicht zur Sicherheit und Gerechtigkeit ableiten lässt.[34] In diesem Sinne teilt der Staat die Verantwortung für das Scheitern der Kommunikation über Strafnormen mit dem Individuum.

Eine allgemeine Entlastung würde jedoch wichtige Grundlagen der Rechtsordnung bedrohen. Eine solche Entlastung impliziert stets eine faktische „Relativierung der Normgeltung“.[35] Politisch gesehen droht damit eine Erosion der Validität fundamentaler Normen. Einerseits gibt es strafrechtliche Normen, die eine dermaßen grundlegende Bedeutung für den moralischen Inhalt des Rechtsstaates und für fundamentale ethische Entscheidungen über die Identität eines Kollektivs haben, dass eine Relativierung sich als durchaus nicht wünschenswert erweist.[36] Ein eklatantes Beispiel wäre etwa die Klitorisbeschneidung

---

33 Dass es nicht ein Problem der Nationalität, sondern des individuellen Kulturkreises ist, betonen sowohl *Laubenthal/Baier*, Durch die Ausländereigenschaft bedingte Verbotsirrtümer und die Perspektiven europäischer Rechtsvereinheitlichung, GA 2000, S. 205 ff., S. 215, als auch *Valerius*, Strafrecht und Kultur. Die Berücksichtigung kultureller Wertvorstellungen in der deutschen Strafrechtsdogmatik, 2011, S. 178 f. Zu Recht relativiert Valerius auch die Rechtsordnung des Heimatstaats des Täters als Indiz für das Unrechtsbewusstsein; ebd., S. 185.

34 *Ashworth*, Ignorance of the Criminal Law and Duties to Avoid It, Modern Law Review 74 (2011), S. 1 ff., 5 und 20.

35 *Hassemer*, Interkulturelles Strafrecht, S. 109; vgl. auch *Vogel*, Transkulturelles Strafrecht, GA 2010, S. 1 ff., 9.

36 Mit moralischem Inhalt beziehe ich mich freilich auf die Idee der allgemeinen Inklusion und der Universalität des Normeninhalts. Eine saubere Trennung zwischen moralischen (universalen) und ethischen (gruppenrelativen) Fragen ist dennoch besonders in solchem kritischen Bereich nicht möglich. Zu dieser Problematik vgl. *Forst*, Das Recht auf Rechtfertigung, S. 100 ff. Deswegen kann man in unserem Zusammenhang beide Sphären (Ethik und Moral) gemeinsam berück-

bei Mädchen; weniger selbstverständlich wäre die Frage der Züchtigung von Kindern.[37]

Es gibt natürlich keine allgemeine, zwingende Formel für den Umgang mit diesen Schwierigkeiten. Die Versuchung, auf eine *statische* Unterscheidung zwischen „mala in se" und „mala prohibita" zurückzugreifen, die an die Unterscheidung des Reichsgerichts zwischen strafrechtlichem und außerstrafrechtlichen Irrtum erinnert, muss scheitern: Es gibt keinen gültigen Index, der Straftaten hierarchisch klassifiziert und uns feste Antworten liefert.[38] Selbst im Bereich des sogenannten Kernstrafrechts müssen wir einen großen Spielraum für Zweifel einräumen, zum Beispiel im Bereich der Tötungsdelikte, hinsichtlich der Beteiligung an fremdem Suizid und dem Tod auf Verlangen. Aber der Bezug auf jene Unterscheidung kann *prozedural* hilfreich sein.

Ein möglicher Lösungsweg ist deshalb der genannte Rückgriff auf die Logik der Rechtfertigung von sozialen Normen und ihre Fähigkeit, eine verallgemeinerbare Begründung der Kriminalisierung zu bieten. Dieser Universalisierbarkeitstest funktioniert übrigens in beiden Richtungen: Sowohl bezüglich der *graduierbaren* Legitimation einer Strafnorm als auch bezüglich der Vermeidbarkeit mangelnder Unrechtseinsicht – freilich auf verschiedenen Ebenen. Als Zurechnungsregel würde das Vermeidbarkeitskriterium so lauten: Du kannst nicht argumentieren, dass die mangelnde Einsicht in das Unrecht deiner Tat unvermeidbar war, wenn diese Norm auch aus deiner Perspektive gerechtfertigt erscheinen würde, falls du am Diskurs ihrer Begründung (gegebenenfalls: tatsächlich) teilgenommen hättest. Es ist freilich nicht auszuschließen – ganz im Gegenteil –, dass religiöse oder kulturelle Überzeugungen diese Reflexion bezüglich der Rechtfertigung einer Strafnorm blockieren können.[39] Gerade darum geht es. Die Bejahung der Täterschuld wäre in solchen Fällen nicht gerecht.

---

sichtigen und vielleicht von einem „ethischen Minimum" sprechen. Vgl. hierzu *Laubenthal/Baier*, GA 2000, S. 217.

37 Selbst wenn wir zu einem offenen Umgang mit verschiedenen kulturellen Maßstäben im Feld der Rechtsinterpretation plädieren, muss dies keineswegs eine Art gezwungenen Relativismus' vonseiten des Interpreten bedeuten. Ein offener Umgang schließt nicht aus – ganz im Gegenteil –, dass in diesem Umgang Ressourcen der jeweiligen Kultur – argumentativ – verteidigt werden. Vgl. dazu *Julien*, Es gibt keine kulturelle Identität, 2017, S. 53 ff.; ferner *Stichweh*, Der Fremde, S. 204.

38 Zur Kritik vgl. *Ashworth*, Ignorance of Law, S. 25.

39 Ein gelungener Umgang mit Migration sollte dazu führen, dass diese Barriere allmählich verschwindet. Hier könnte uns vielleicht eine Unterscheidung von Habermas zwischen zwei Stufen der Assimilation helfen: der Zustimmung zu Verfassungsprinzipien einerseits und dem die kulturelle Identität berührenden Prozess der Akkulturation andererseits. Eine politische Sozialisation darf Habermas zufolge nur in Bezug auf die erste verlangt werden. Die Freiheit zu eigenen

5 Populistische Kriminalpolitik

Zuletzt noch ein kurzes Wort zu populistischen Tendenzen aktueller Kriminalpolitik. Diese Tendenzen etablieren sich nicht nur im politischen Diskurs, sondern sie versuchen, sich innerhalb des Rechtsdiskurses – auch des wissenschaftlichen – anzusiedeln. Die omnipräsente Wahrnehmung von Risiken und das wachsende Verlangen nach Sicherheit tragen dazu bei.[40] Als unmittelbare politische Affekte sind hier Ressentiment, Wut, Hass, Furcht und Angst[41] involviert – Affekte, die dazu führen, nach öffentlichen Feinden zu suchen: eine klassische Tendenz autoritären Strafrechts.

Der öffentliche Feind vereinheitlicht Projektionen von unterschiedlichen sozialen Akteuren und ist aus diesem Grund stets provisorisch, kontingent und dynamisch – was freilich nicht ausschließt, dass bestimmte Figuren wiederkehrend zum Vorschein gebracht werden. So taucht zum Beispiel der Terrorist in verschiedenen historischen Konstellationen als Kennzeichnung von sehr unterschiedlichen Gruppierungen auf: Der anarchistische Terrorist vom Ende des 19., Anfang des 20. Jahrhunderts, die kommunistischen Terroristen der 30er Jahre in Deutschland, der 40er oder 60er Jahre in Brasilien, der europäische Linksterrorist (vor allem in Deutschland und Italien) in den 70er und 80er Jahren, die separatistischen Terroristen aus unterschiedlichen Regionen (etwa Baskenland), die heute religiös geprägten und in Europa aktiv terroristischen Bewegungen ursprünglich aus dem Nahen Osten – alle diese Erscheinungsformen des Terrorismus haben als soziales Phänomen wenig miteinander zu tun. Gemeinsamkeiten zwischen ihnen lassen sich in der Tatsache feststellen, dass sie organisiert und gewalttätig handeln. Sie werden aber je nach historischem und politischem Zusammenhang anders wahrgenommen und beurteilt. Sie erwecken politische Affekte (vor allem: Angst und Wut) und motivieren deshalb eine oft irrationale Kriminalpolitik, die durch Konzentration auf eine spezifische Kriminalitätsform das Gesamtbild des Strafrechts in ihren jeweiligen Zeiten prägt.[42] Letztendlich reduziert sich der Bezug auf Terrorismusbekämpfung auf eine Etikette, mit der kriminalpolitisch beliebig gehandelt wird. Ähnlich verhält es sich mit der soge-

---

ethischen Werten wirkt dann als Erweiterung des Interpretationshorizontes der Verfassungsprinzipien. *Habermas*, Kampf um Anerkennung im demokratischen Rechtsstaat, S. 267 f.

40 Vgl. *Zedner*, Security, 2009; *Anitua*, La inmigración y los discursos de seguridad, in: *Bergalli* (Hrsg.), Flujos migratorios y su (des)control, 2006, S. 135 ff.

41 Vgl. *Frankenberg*, Staatstechnik, 2010, S. 185 ff.; vgl.

42 Kritisch zum Abbau rechtsstaatlicher Garantien im „Kampf gegen den Terrorismus" statt vielen *P.A. Albrecht*, Kriminologie, 2010, S. 391 f.

nannten Kriminalität des „Fremden".[43] Die verzerrte Wahrnehmung von Ausländerkriminalität wird zum „Diskriminierungsmedium"[44].

Politischer Populismus manifestiert sich wiederholt im Strafrecht durch die artifizielle Schaffung kollektiver Identitäten im Gegensatz zu einem bestimmten Anderen, der bekämpft werden soll. Im Zug dieses Prozesses werden unvereinbare politische Interessen neutralisiert.[45] Es handelt sich um eine besondere Spielart dessen, was wir zunächst etwas unpräzise als „populistische Neigungen" im Alltag moderner Staaten bezeichnen mögen – also nicht um eine politische Bewegung im engeren Sinne, sondern um wiederkehrende politische Tendenzen, die oft (aber nicht immer) gesetzgeberische Bedeutung erlangen. Populismus verstehe ich als eine Form diskursiver Mobilisierung, einen Kampf um Hegemonie.[46] Im strafrechtlichen Populismus geht es oft um einen Kampf um spezifische Lebensformen.[47] Jede Bewegung – und selbst eine progressive – will die staatliche Kriminalpolitik in eine für sie günstige Richtung lenken; jede will den staatlichen Strafapparat für ihre Ziele ausnutzen. Dadurch schaffen sie eine – wenn auch fragmentarische – Identität, die stets auf dieselben Mittel der staatlichen Repression zurückgreift, statt sich der Suche nach alternativen Konfliktlösungen zu widmen. Dieser Identifikationsprozess trägt zur Ideologie der homogenen Gesellschaft bei.

Mit dem Phänomen des strafrechtlichen Populismus lässt sich die Skandalisierung von Kriminalfällen verbinden. Stanley Cohen hat den Begriff „moral panic" für die Konstellationen geprägt, in denen bestimmte Vorfälle in ihrer Be-

43 Zur negativen Reaktion gegenüber Migranten vgl. *Z. Baumann*, Die Angst vor den anderen, 2016, bes. S. 7 ff., 27 ff. (zum Gefühl der Unsicherheit), 87 ff.; für weiterführende Analysen s. *Kennedy*, Wessen zu Hause ist das hier?, Psyche 70. Jahrgang, Heft 9/10 (2016), S. 805 ff.; *Auchter*, Das Selbst und das Fremde. Zur Psychoanalyse von Fremdenfeindlichkeit und Fundamentalismus, Psyche 70. Jahrgang, Heft 9/10 (2016), S. 856 ff.

44 *P.A. Albrecht*, Kriminologie, S. 370.

45 Vgl. die Definition von *Cremer-Schäfer/Steinert*, Straflust und Repression, 2. Aufl., Münster 2014, S. 24: „Bei 'Populismus' handelt es sich um ein politisches Manöver, in dem also nicht Gruppen mit (...) einheitlicher Interessenlage abgegrenzt (...) werden, in dem vielmehr versucht wird, unter Überspielen von Interessenunterschieden eine möglichst große und fixe Gemeinsamkeit zu behaupten und durchzusetzen. (...) Unterschiede lassen sich überspielen durch die gemeinsame Ablehnung eines Feindes."

46 Grundlegend *Laclau*, On Populist Reason, 2018. Auf Details kann hier nicht eingegangen werden; eine kritische Würdigung der Theorie Laclaus überspringt ebenso die Grenzen dieses Aufsatzes.

47 *Günther*, (Bedrohte) individuelle Freiheiten im aufgeklärten Strafrecht – Welche Freiheiten?, Kritische Justiz 49, 2016/4, S. 520 ff.

deutung für das Gesamtbild des Strafrechts überdimensioniert werden.[48] Diese Art von sozialer Panik verursacht eine nur scheinbar klare, meistens künstliche Bestimmung von Gruppierungen, die für soziale Unsicherheit sorgen. Als Beispiele können wir jugendliche kriminelle Banden, Drogenhändler, Pädophile, Flüchtlinge usw. nennen. Angesichts der Tatsache, dass nicht jede grausame Straftat imstande zu sein scheint, eine solche gesellschaftliche Reaktion auszulösen, nennt Cohen als Voraussetzungen dafür die Existenz eines passenden Feinds (das heißt: besonders fragile, marginalisierte Individuen) und eines passenden Opfers, mit dem jedermann sich identifizieren kann; schließlich bedarf es eines Konsenses darüber, dass die Tat nicht vereinzelt war, sondern Bestandteil des gesellschaftlichen Alltags – sodass wenn nichts dagegen getan wird, die Gesellschaft untergehen kann.[49] Drei Aspekte dieser Analyse scheinen für eine Erhellung des kriminalpolitischen Populismus von Bedeutung zu sein. Zuerst die Rolle der Massenmedien, die die Aufgabe übernehmen, „die Verantwortlichen" darzustellen, um dann die angeblichen Mängel der Gesetzgebung zu denunzieren.[50] Zweitens spricht Cohen von der Volatilität der sozialen Panik: Alle Erscheinungsformen dieser Panik sind flüchtig, durcheinander ersetzbar und tendieren dazu, sich mit anderen öffentlichen Sorgen und Ängsten in einer Kette zu verbinden.[51] Dies führt – und hier der dritte Aspekt – zum allgemeinen Plädoyer zur Verschärfung und Ausweitung des Strafrechts als Reaktion auf den angeblich unmöglichen Zustand sozialer Unsicherheit.[52]

Das Legitimationsmodell eines Feindstrafrechts[53] und andere Beispiele dessen, was Günter Frankenberg Bekämpfungsrecht genannt hat,[54] sind innen-

---

48 *Cohen*, Folk Devils and Moral Panics, 3. Aufl., 2011. Zu Flüchtlingen und Asylanten s. die Einführung zum Band, ebd., S. xxii ff.

49 *Cohen*, Folk Devils and Moral Panics, S. xii.

50 Differenzierend zur kriminalpolitischen Bedeutung der Medien s. *Hoffmann-Riem*, Kriminalpolitik ist Gesellschaftspolitik, 2000, S. 191 ff., zu populistischen Versuchungen bes. S. 202 ff.

51 Vgl. Cohen, xxxvii: „Successful moral panics owe their appeal to their ability to find points of resonance with wider anxieties. But each appeal is a sleight of hand, magic without a magician. It points to continuities: in space (*this sort of thing... it's not only this*) backward in time (*part of a trend... building up over the years*) a conditional common future (*a growing problem... will get worse it nothing done*)." (Hervorhebungen im Original).

52 Vgl. *P.A. Albrecht*, Kriminologie, S. 65 ff., 84.

53 Grundlegend zur wissenschaftlichen Perzeption dieses Phänomens *Jakobs*, Kriminalisierung im Vorfeld einer Rechtsgutsverletzung, ZStW 97 (1985), S. 751 ff.; *ders.*, Bürgerstrafrecht und Feindstrafrecht, HRRS 3/2004, S. 88 ff. Angemessene kritische Würdigungen u. a. bei *Bung*, Feindstrafrecht als Theorie der Normgeltung und der Person, HRRS 2/2006; *Neumann*, Feindstrafrecht, in: *Uwer* (Hrsg.), „Bitte bewahren Sie Ruhe". Leben im Feindrechtstaat, 2006, S. 299 ff.; *Greco*, Feindstrafrecht, 2010. Spezifisch zur kriminologischen Bedeutung des Begriffs im Zu-

rechtliche Manifestationen solcher populistischer Tendenzen. Es gibt konkrete Materialisierungen in der Strafrechtsdogmatik. Kontroverse dogmatische Figuren wie „Rechts- und Tatsachenblindheit“ werden zum Beispiel erneut ins Leben gerufen.[55] Auch eine „kriminalpolitisch gesinnte“ Strafrechtsauslegung verstärkt diese Tendenz, wenn sie das Sicherheitsparadigma unkritisch übernimmt.

Ein richtiger Umgang mit Strafrechtspopulismus verlangt eine Verfestigung freiheitlicher Institutionen, nicht ihre Erosion im Namen eines spontanen Volkswillens. Es sind diese Institutionen, die Demokratie ermöglichen. Die bescheidene Aufgabe der Strafrechtswissenschaft besteht darin, wenn auch oft gegen die öffentliche Meinung, zu dieser Verfestigung beizutragen.

---

sammenhang der „Erosion des Rechts“ im Namen sozialer Sicherheit s. *P.A. Albrecht*, *Kriminologie*, S. 76 f.

54 *Frankenberg*, Staatstechnik, S. 247 ff.

55 Vgl. *Mezger*, Rechtsirrtum und Rechtsblindheit, Festschrift für Kohlrausch, S. 180 ff.; *Jakobs*, Gleichgültigkeit als dolus indirectus, ZStW 114 (2002), S. 584 ff..; *ders.*, Dolus malus, Festschrift für Rudolphi, S. 107 ff.

Kolibri 360 GmbH
Ferdinand-Jühlke-Straße 7
99095 Erfurt, Deutschland
produktsicherheit@kolibri360.de